질문을 향한 질문

질문하기는 진리를 향한 여행의 시작이며, 그 자체이다

하리숲학교
인문학시리즈

질문을 향한 질문

정대현 지음

삶에서 나타난 질문에 대한 단상들

이책사

차례

들어가며 06

1장. 질문의 시작 10
2장. 질문의 존재성 50
3장. 질문을 위한 질문 70
4장. 질문의 형식 102
5장. why/what/who 128
6장. 질문의 가치 144
7장. 질문, 변화의 시작 174

주 212

들어가며

현재 인류는 너무 많은 상대적인 지식들 속에서
자신을 잃어버린 상태이다.
많은 지식이 있으나, 무엇이 옳은 지 모를,
너무 많아 지식의 중요성이 사라진 시대에 직면했다.
앎을 소중히 여기지 않게 되었다.
언제나 빼 먹을 수 있는 존재가 되어버렸다.
그러다 보니. 정작 중요한 순간,
앎이 삶에 직면해야 할 순간에는 무기력해 져버렸다.
삶 속에 존재하는 앎에서 자기를 잃어버렸다.

이 책은 삶에서 나타난 질문에 대한 단상들이다. 미래 사회를 살아갈 존재들이 어떤 상황에서도 자신만의 독특한 가능성을 확장시켜, 지속적으로 성장할 수 있는 존재가 되기 위한 하나의 통로로서 '질문을 향한 질문'을 주제로 쓰여졌다.

질문을 통해 자기 삶의 맥락과 적극적으로 관계를 맺고, 그 과정에서 의미를 만들어 가며, 그 의미의 질적 변화를 끊임없이 추구하는 삶으로 성장했으면 하는 바람이 이 책에 녹아져 있다.

많은 보편적 가능성들 속에서 자신을 잃지 않으려면, 질문을 통해 그 모든 가능성을 '나' 안에서 통합하고, 궁극적으로 전체적인 이해에 도달해야 한다. 앎으로 채워진 삶에서 자기 주체성을 잃지 않고, 그 모든 지식과 가능성을 내면적으로 흡수하여 주체적이고 총합적인 형태로 결합할 수 있어야 할 것이다.

> *앎의 여정에서 질문하기는 불필요하거나*
> *생략할 수 있는 것이 아니라,*
> *앎을 위한 필수적인 과정이다.*

질문을 던지는 행위는 그 자체로 새로운 발견을 이루는 과정이다. 이러한 발견은 세상을 보는 관의 변화, 개념의 재구성, 그리고 궁극적으로 존재 방식의 변화를 동반한다.

그러나 질문을 던지는 것은 일상적인 삶의 흐름에 불안정을 가져오게도 한다. 이 불안정은 예기치 않게 발생하며, 그 강도도 매우 크다. 질문은 삶의 지속을 어렵게 보이게 만들지만, 그 위기를 극복함으로써 새로운 기회를 열리게 한다. 질문을 던지는 행위는 본질적으로 우리가 나아가야 할 방향을 선택해야 하는 상황을 피할 수 없이 맞닥뜨리게 만든다.

간혹 단순히 개념을 물었을 뿐인데, 매우 답하기 어려울 때가 있다. 이러한 질문들은 나의 존재와 가치가 얽힌 '나'만의 답을 요구하는 문제들이기 때문이다.

질문하기는 깨어서 자기 삶을 경험하게 한다. 질문들은 자신의 삶을 재진술해 가는 과정들이다. 나의 영역으로 들어오는 질문은 곧 내면의 나를 직면한다. 그 질문은 모두들 '당연하다고' 생각하는 것들을 낯설게 보면서 아무도 가지 않은 길을 걸어가야 하는 탐험가로서의 삶을 재진술해 가는 과정들이다. 왜 살아야 하는가? 나의 삶의 목적은 무엇인가? 나의 욕망은 무엇인가? 어떻게 살아야 하는가? 등에 대한 '나'에 대한 질문하기와 답하기다.

> *질문하기는 누적적으로 지속한다.*
> *질문하기에서 시간은 직선이 아니라 순환적 구조를*
> *가지고 있기 때문이다.*

질문은 답을 찾는 과정은 아니다. 질문은 변화의 원동력이다. 질문을 던지는 행위는 그 자체로 새로운 발견을 이끌어내기 때문이다. 이런 발견은 해석의 틀, 의미, 개념의 변화를 초래하며, 궁극적으로 실존적인 존재 방식의 변화를 가져오게 할 것이다.

 이 책을 읽게 될 독자들도, 우리 삶에 매 순간 떠오르는 질문에 질문하여 우리 자신의 존재와 삶에 의미 있는 변화를 일으켰으면 한다.

2025년 정대현

1장

질문의
시작

질문하기.
인류가 시작되면서 있었다.
인류의 삶의 최초 흔적은
질문하기다.

난 묻습니다

신이 나에게 말합니다.
난 순종합니다.
그리고 신에게 묻습니다.
이것이 생각입니다.
이것이 기도입니다.

생각은 물음을 가져옵니다.
물음은 생각을 만듭니다.

물음은
신이 부름을 멈출 때까지 계속됩니다.
오늘도 난 신께 묻습니다.

신은 물음으로 다가옵니다.
나에게 물음을 던집니다.
그 물음은 신이 발걸음을 하는 것입니다. 나에게로.

내가 신에게 다가갔을 때, 난 묻습니다.
그리고 기다립니다.
다음 물음을.

질문하기. 신의 형상을 닮는 행위

"하나님께서 자신의 형상을 닮은 인간을 창조하시되~"
(창세기1장27절)

인간은 초월적 존재이다. 단, 질문을 할 때만이다.
질문은 한계가 없다.
질문을 할 수 있다는 것은 자기 자신과
자기가 이해한 세계를 넘어서는 것이다.

질문하기
자신과 세계를 향해 열려 있음을 의미한다.

질문하기
자신과 세계를 열어 재쳐 새로운 세계를 창조한다.

질문하기
자신의 삶을 넘어서서,
삶 속에 숨은 근본 원리를 탐구하는 힘이며,
그 삶을 새롭게 창조하는 힘이다.

답을 하는 자, 피조물이며.
질문하는 자, 창조자다.

질문하기, 그 자체가 형이상학의 정초

 사람이 정신을 수행하는 여러 방법 중 하나는 자기를 들여다보는 것이다. 기독교에서는 자기를 돌아보고, 그것을 하나하나 드러내며 회개하는 과정에서 자기 행동에 대해 질문을 던진다. 기독교뿐만 아니라 불교의 명상기도나 천주교의 관상기도, 그리고 이슬람교에서도 비슷한 과정이 존재한다.
 영적 세계에서 기본적인 수행 방식 중 하나는 바로 '질문하기'이다. 인간은 질문을 던지는 존재이다. 유한한 인간이 세계 속에서, 인간으로서 존재하고, 스스로를 이해할 수 있기 위해서는 하나의 포괄적인 의미의 근원에 의존해야 한다. 여기서 '유한하다'는 것은 온전하지 못하고, 시간적, 공간적 한계를 가진 존재임을 의미한다.
 오직 질문하는 사람만이 세상에서 자기 자신을 경험하며 인간의 유한성을 의식한다. 그래서 인간은 끊임없이 질문하면서 한계를 뛰어넘어 초월하려고 한다. 유한성을 극복하려는 시도는 무한성에 대한 인정이다.
 질문을 던진다는 것 자체가 이미 인간의 초월성을 드러내는 것이다. 이것을 깨닫는 사람은 끊임없이 자신의 한계를 극복하기 위해 질문한다. 그래서 계속 질문하고,

질문한다. 질문은 새로운 체험과 더 넓은 지평을 만든다. 질문하기는 새로운 의미와 그 의미들 간의 관계를 이해하려는 시도이다.

철학에는 '소여(所與)'라는 말이 있다. 소여는 사고의 대상으로 의식에 직접 주어지는 내용으로, '사유에 의하여 가공되지 아니한 직접적인 의식 내용'을 의미한다. 우리는 '질문하기'를 통하여 '소여의 세계'를 넘어 자기 자신과 타자(세계)에 대한 총체적인 의미 근원을 추구한다.

질문을 통해 새로운 이해의 지평이 열린다. 이 지평은 세계 전체를 포괄하며, 그와 함께 모든 개별 내용에 새로운 의미의 배경을 제공한다.

질문하기. 생명을 불어넣어

"너희가 돌이켜 어린아이와 같이 되지 아니하면
결단코 천국에 들어가지 못하리라"
(마태:18:3)

성경에서 예수님은 어린아이와 같지 않으면 구원을 얻지 못한다고 말씀하셨다. 어린아이들은 끊임없이 질문을 던진다. 어린 시절 아이들은 모든 것에 대해 가리지 않고 매 순간 폭발적으로 질문을 한다. 그러나 어느 순간, 그 질문이 멈추기도 한다. 그러다가, 사춘기가 되면 다시 질문을 시작한다. 이 시기의 질문은 세상에 대해 시니컬하게 던지는 것이기도 하고, 심오한 존재론적 질문이기도 하다. 이때 아이들은 질문을 통해 사춘기 동안 자기 존재를 드러내기 시작한다.

어린아이는 성장하면서 끊임없이 질문을 던진다. 어린 시절과 사춘기 때의 폭발적인 성장은 질문과 함께 이루어진다. 우리는 이 시기의 폭발적인 성장과 질문을 가볍게 여겨서는 안 된다.

그러나 시간이 지나면서 어린아이는 경직된 세계 속에서 살며 점차 질문을 잃어간다. 그리고 어른이 된다.

머리가 늙고 굳어 타성에 빠지게 될 때, 질문하기는 새로운 생명을 불어넣어 그 사람을 소생시킨다. 알고 있는 지식은 구조화된 형식 속에 굳어가며, 앎이 객관화된다는 것은 결국 생명을 잃어버리는 것과 같다.

질문이 없다면, 새로움을 두려워하는 어른이 되어 성장이 멈춘 상태가 된다. 사람이 살아있다는 것은 성장하는 것이며, 그것은 질문하는 것이다. 질문하지 않는 것은 성장을 멈춘 것이고, 삶이 사라진 것이다.

삶은 새로운 생명의 지식을 요구하며, 그 지식은 질문하기를 통해서만 드러난다. 질문을 통해 삶의 본래적인 생명력을 되찾아야 한다. 생명력을 잃은 삶은 질문하기를 통해 부활할 수 있다. 질문하기는 굳어버린 삶을 쇄신시키고, 그 삶에 다시 생동성을 불어넣는다.

질문하기. 삶에 관한 존재론적 성찰

질문하기는 삶 속에 있다.
삶 속에는 질문이 있다.

질문하기는 삶의 전체다.
그래서 질문하기는 삶의 기능이다.

질문하기는
삶을 거듭나게 하는 과제다.
삶 전체를.

질문에는 질문을 하는 사람의 삶에 관한 존재적 성찰이 배어 있다. 질문의 방향은 항상 존재를 향해 있기 때문이다.

질문하기는 자기 변화의 노력이다. 질문한다는 것은 주어진 현상에서 벗어나 그것을 대상화하고 문제시한다는 것이다.

질문하지 않는 삶을 산다는 것은 주어진 현상에 안주한다는 것이다. 세상을 그대로 받아들이는 것이다. 자기를 죽인 채..

질문하기. '나'의 삶 행위

질문하기는 '나'가 살아 있다는 증표이다.
질문하기에는 '나'가 들어있다.
질문하기는 세상에 일어나는 현상들에게
'나'를 들이미는 것이다.
'나'에게서 한 걸음 물러나 '나'와 관계를 맺고,
세상과 관계를 맺는 것이다.

삶은 누군가에 의해 받아들여져야 하는 것이 아니다.
삶은 살아내는 것이다.
모든 것들을 낯설게 보고, 물음을 제기함으로써
창조적으로, 유일무이하게.
살아내는 것이다.

우리가 살아있다는 것은 질문할 수 있고, 질문하는 것이다.

'질문하기'는 지금까지 '나'를 벗어버리고
'나'라는 존재의 새로운 존재 양태를 발견하는 것이다.
'나'가 맺고 있는 다양한 관계의 양상들을
새롭게 만나는 것이다.

이 만남을 통해 '나'는 새롭게 정의된다.

그래서 질문하기는 존재 자체를 생성해 나가는 힘이다.
이것이 삶이다. 앞으로 나아가는...

질문하기. '나'의 삶으로의 회귀

모든 질문은 '삶'으로 회귀할 수 있어야 한다.

질문하기는 실존적 행위이다.
누군가에게 질문하고, 질문을 받는다.

모든 질문은 결국 '나'의 삶으로 회귀된다.[01]
질문은 '나'에서 시작하니까.

그래서 질문하기는 진정한 사유다.

질문하기. 삶의 일부

질문하기는 삶 속에서 끊임없이 드러난다.
삶의 물음들과 마주하며
다양한 각도에서 돌아볼 수 있는 사유의 지평을 넓힌다.

질문하기는
우리가 만나는 일상의 사소한 마주침에도
당연하게 간주했던 것들에도
주어진 방식대로 보는 것을 중지하고,
새로운 방식으로 보기 위한 발걸음이다.

질문하기. 앎과 삶을 결합

질문은 힘이다.
질문은 삶이다.

질문은 과거를 들여다보고, 지금을 선택하며,
새로운 것을 만들 수 있는 바탕이다.

질문이 삶과 결합될 때
삶 속에 스며들어 있던 앎들이 드러난다.

　질문은 이미 내 안에 있는 앎을 드러내어 실제 삶으로 이끈다. 삶 속에서 드러난 앎과 앎 속에 스며든 삶... 질문하기는 앎에 힘을 불어넣는다. 앎은 질문을 통해 힘을 얻고, 질문을 통해 얻은 앎은 삶 속에서 창발된다.
　질문하기는 앎을 창발시키고, 그 앎은 삶을 창발시킨다. 질문을 통해 앎과 삶은 하나가 된다. 앎과 삶이 분리되어 있다면 그것은 진정한 앎이 아니다. 진정한 앎은 삶 속에서 드러난다.

질문하기. 내 안에 있는 앎을 끄집어 내기

질문은 가르침이다.
아이들에게 무엇인가를 집어넣기 위함이 아니다.
아이들이 가진 앎을 끄집어내는 것.
이것이 질문하기다.

아직도 여전히 교육이라는 이름으로
아이들의 사유의 빈 공간에 지식을 채우기 급급했다.
우리의 사유 안에 꿈틀거리고 있는 앎을 끄집어 내야 한다.

질문은 '밖으로 이끌어 내는 것'.[02]
그 자체가 교육내용이며,
교육의 방법이다.

질문하기. 씨뿌리는 행위[03]

우리는 분명한 대답과 확신이 지배하는 문화 속에 살고 있다. 그래서 답이 없는... 혹은 애매함이 판을 치는... 그런 곳에는 질문하기가 들어설 자리가 없다.

답을 가르쳐 주지 않고, 질문하기가 주가 되고, 답이 없는... 그래서... 무엇을 배웠는지 명확하지 않은 그런 수업은 실패한 것처럼 보일 수 있다. 결론이 없기에... 무엇을 알았는지도 드러나지 못하기에... 더욱더 실패한 것처럼 보일 수도 있다.

답은 열매다. 질문은 작은 씨앗이다. 겨자씨 한 알만큼의 작은 씨앗이다. 그 씨가 뿌려지는 것이다. 씨는 발아해서 줄기가 자라고 잎이 나고 꽃망울을 맺고, 개화하고, 열매를 맺는다. 그 과정은 더딜 수 있다. 하지만 뿌려진 씨앗은 언젠가 자란다. 무거운 땅을 뚫고 나온다. 무수히 많은 열매를 맺는다. 몇 해동안 쉬지 않고 열매를 맺는다. 그리고 스스로 씨앗을 뿌려 번식한다. 질문하기는 씨 뿌리는 행위다.

질문에 질문을 더하는 순간은 씨앗이 발아하는 순간이다. 싹이 트는 순간이다. 나무가 되기 위한. 생명을 잉태한 채 건조한 공기 위에 있던 씨앗이 흙을 만나고 물을 만나 싹이 트는 그 순간이 질문의 순간이다. 씨앗의 상태, 그저 있음의 상태, 앎이 내재된 상태... 그곳에 질문하기는 흙과 물이 되어 생명을 불어 넣는다.

그리고 나무는 자라 다시 씨앗을 뿌린다. 끝없는, 끝없는... 그리고 순환하는.

질문하기, 앎은 나에게 스며듦

질문을 하는 순간은
질문이 나에게 스며드는 순간이다.

질문은 삶 속에서 앎을 드러낸다.
앎이 실천할 수 있도록...

질문은 앎에 여운을 남긴다.
삶에 자리를 잡을 수 있도록...

질문에서 얻은 앎은 삶을 통과해
'나'를 만든다.

몸, 가슴, 의식의 저편까지
질문하기를 등에 없고 자리를 잡는다.

질문을 던지는 순간,
앎이 자리를 잡는 순간이다.
나에게 스며든 질문은 앎이 되어 내가 된다.

질문하기. 진실을 드러낸다
질문하기는
진실처럼 보이는 것들에서
진실을 드러내는 것이다.
진실이지만 확신이 없는 진실...
그 진실들은 질문을 하면서 드러난다.

간혹 답이 뻔한 질문도 있다. 그 자명한 질문 속에 깊은 뜻이 있다. 오히려 그러한 질문은 우리에게 많은 생각을 요구하게 한다. 주변에 있는 뻔한 것들을 질문해 보라. 그것들이 얼마나 진실된 지 알 수 있을 것이다.

질문하기. 드러난다

#

질문은 구체적인 상황 속에서 주어진다.
그래서 질문 방법은 정형화될 수 없다.

#

인간은 끊임없는 질문 속에서 산다.
좋은 질문 또한 내면에서 계속 진행된다.

#

질문은 자기의 생각을 표현하는 것이다.
그리고 그 생각을 가치 있고 소중하다고 느끼게 한다.

#

앎은 강요될 수 있는 것이 아니라 스스로 깨닫게 되는 것이다.
시간이 좀 걸리더라도...
단, 질문을 통해서만...

#
질문은 가르침이 아니다.
깨달음이다.
아~하!! 하고.
질문은 스스로 깨달아 알도록 한다.
질문을 통하여 사람들을 생각하게 만든다.
질문이 응답으로, 다시 질문으로...
돌고 돌며, 용오름한다.
질문하기는 앎이 단순히 알려지는 것보다는
스스로 드러나도록 한다.

질문의 심오한 능력. 주장이나 가르침은 듣는 사람에게 생각의 여지를 주지 않는다. 어떤 생각이 강요되면 그것이 아무리 올바른 것이라고 해도 오랫동안 간직될 수 없다. 질문하기는 앎을 스며들게 하고, 직접 참여하여 스스로 앎을 얻게 한다.

질문은 자기 안에서 끌어내는 것이기에 강요할 수 없다. 오롯이 자기 안에서 드러날 뿐이다.

질문하기. 존재하는 한

 우리는 우리의 존재를 막연하게나마 이해하며 자신의 존재에 대해 질문하고 살고 있다. 우리가 이 세상에 사는 한, 이 질문들은 우리에게 드러난다. 애써 거부해도... 질문은 우리의 삶에 등장한다.
 인간은 실존적 존재다. '-임'이면서도, '-있음'의 존재다. 그동안 우리는 '-임'의 존재로 기억되며 '-있음'을 망각해 왔다. 우리의 모습은 결정되지 않았다. 그래서 정의 내릴 수 없다. 정의 내릴 수 없으므로 정의하는 것을 멈춰서는 안된다. 끊임없이 존재에 질문해야 한다. 하이데서에 의하면 인간은 결정되지 않는 '존재 가능성'이기 때문이다.
 질문은 '존재 가능성'의 확인이다. 이 세상에 존재하는 한 인간은 스스로 자신의 존재 문제를 해결해야 하는 과제를 갖고 있다. 이 때문에 다른 존재자들과 달리 인간은 존재자의 존재에 물음을 던진다. 스스로의 존재에 의문을 품고 질문하며 살아간다. 싫든 좋든 받아들일 수밖에 없다.
 인간은 '존재 가능성'을 염려하기 때문에 다른 존재자들과 어떻게 관계를 맺으며 살아갈지, 또 존재자들이 어떻게 존재하게 되었는지에 관심을 갖게 된다.

살아있는 한. 싫든 좋든, 질문하기는 반드시 해야 한다. 자기는 물론, 다른 존재자들을, 존재하는 모든 것들을..

   질문을 위해서는 존재, 즉 '있음'이 있어야 한다. '있음'은 실존이다. '실존'에 대해 '본질'을 묻는 것이 '질문'이다.[04] '본질'은 관계 안에 위치 지워진다. 결국 질문하기는 그 관계에 대한 것이다.

질문하기. 존재와 존재의 마주함

  질문과 질문, 대답과 대답.. 그 과정을 통해 '존재 대 존재'가 마주하게 된다. 유태인들의 학습법인 하부루타는[05] 질문하고 답하고, 또 질문하고 답하고를 반복한다.
  하부루타에서 중요하게 여기는 것은 질문의 내용이나 방법이 아니라 아버지와 자녀가 1:1로 존재 대 존재로 마주한다는 것이다.
  TV 방송에 하브루타를 방법으로 하고 있는 자녀가 여섯 명인 유태인 가정에서의 탈무드 수업을 보았다. 여섯 명의 아이들에게 가르치는 탈무드 내용은 동일했다. 그런데도 아버지는 여섯 명을 한꺼번에 가르치지 않았다. 한꺼번에 가르치는 것이 효율적일 텐데 그렇지 않았다. 한 명이 배우고 나면 또 다른 아이가 와서 배운다. 아버지가 형제 중 한 명과 대화를 하고 있으면, 나머지 다른 아이들은 의자에서 발을 흔들거리며 놀고 있다. 같은 내용을 아버지가 가르치고 모든 아이들과 토론하면 시간도 절약되고, 다른 형제들이 하는 말들을 들으면서 더 잘할 수 있을 것 같은데... 왜 그렇게 할까?
  하브루타에서 중요한 것은 아버지와 나... 즉 존재와 존재의 마주함이었다. 하부루타를 하는 중 아버지는

'우리' 아버지가 아닌 '나'의 아버지였던 것이다.

　아버지와 아이의 존재와 존재의 만남이었다. 그곳에는 각자의 삶이 드러난다. 하브루타를 하는 중 아이와 아버지는 '삶'을 이야기하고 있었다. 아이의 질문에는 '자기 삶', '실존적 삶'이 연결되어 있었다. 그들의 대화는 자기 일상의 소소함이 드러나는 질문들이었다.

　질문에 질문이 더해지면서 질문들은 더 구체적으로 된다. 그 소소한 질문들은 시간이 갈수록 근원적이고, 본질적이며, 추상적인 질문으로 바뀌게 된다.

질문하기는. 불안을 넘어서는 것이다

'나' 존재와 마주함. 이 삶은 실존하는 삶이고, 본래적인 삶이다. '나' 자신만의 고유한 삶을 사는 것이다. '나'와 마주해야 한다. '나'를 들여다 볼 수 있어야 한다. 그러기 위해서는 '나'에게 질문해야 한다. '나'에게, '나에게'…

내가 대답할 수 없을 것에도 질문해야 한다. 대답하기 싫은 것에도 질문해야 한다. 그래서 '나'에게 하는 질문은 두렵다. 많은 사람들이 질문하기를 멈추어버리는 이유이다.

질문하는 것은 지금, 여기의 '나'의 삶을 부인하는 것이다. 지금, 여기의 '나'를 부정하는 것이다. 그것은 불안이다. 질문하기는 불안하게 한다. 하지만 불안은 질문하게 한다.

알고 있다고 생각했는데, 모른다는 것을 깨닫게 될 때, 그 깨달음은 우리를 혼돈에 빠지게 한다. 대상과 직접 마주하는 데서 겪는 혼돈이다. 질문하기는 '나'가 직접 세상과 관계를 맺어야 하기 때문에 더 혼란스럽다. 그래서 질문이 없다는 것은 내가 다른 사람이 관계 맺은 것을 그대로 받아들여, 정작 자신은 직접 세상과 관계를 맺지 못하고 있음을 의미한다.

질문하기는 세상에서 '나'를 발견하는 순간이기도 하다. 세상에서 '나'를 발견하는 것은 세상을 '나'가 받아들인다는 것이다. 이 세상을 내가 받아들인다는 것. 얼마나 무거운 일인가? 그래서 두렵다. 이 불안의 두려움을 넘어서는 이 순간은 '나'에게 질문을 던지는 순간이다. 두려움을 넘어서서 행해진 이 질문하기는 '나'를 비로소 보게 한다. 그동안 의식하지 못했던 '나'의 존재를 보게 한다. 불안을 느끼는 순간은 바로 '나' 라는 존재를 마주하는 순간이다. 불안은 질문을 낳고, 질문은 변화를 낳는다.

질문이 생길 때, 질문을 받을 때, 이때가 바로 자신의 세계가 새로운 모습을 띠기 시작한 때이다. 질문들이 갑자기 내 안에 들어오면 자기의 모습을 그대로 마주하게 되고 많은 것들이 적나라하게 드러나 힘들 수도 있다. 현기증이 나고, 구토가 나올 것 같을 수도 있다. 질문하기를 포기하고 지금의 내 모습 보기를 꺼려 할 수도 있다. 하지만 불안이 던져준 불편한 그 순간이, 내 자신이 새로운 곳으로 도약하는 순간이다. 질문하는 순간이다.

질문하기는, '나'를 찾아 사는 삶

'나'에서 시작된 질문은 '어디에서 왔고'에서 시작하여 '어디로 갈 것인가'로 끝난다. 우리는 자유로운 의사와 관계없이 태어난다. 태어남에 관해서 인간은 수동적이고 우연적인 존재이며, 하나의 던져진 존재에 불과하다. 자기 의지와는 별개로 세상에 던져진 것이다. 집에 있는 강아지도, 정원에 세워진 돌이나 나무도, 모두 던져진 존재이다. 누군가가 혹은 동물조차도, 태어나고 싶어서 태어난 것이 아니다. 돌과 나무도 그 자리에 있고 싶어서 있는 것이 아니다. 자연의 섭리에 의하여, 그리고 누군가의 강요에 의해 우연히 그 자리에 존재하고 있을 뿐이다.

인간은 동물이나 돌·나무와 달리 자신이 세상에 던져진 '어찌할 수 없음'의 존재라는 것과 자신의 생명이 유한하다는 것을 자각할 수 있다. 그렇기 때문에 죽음의 불안을 느낀다. '나'라는 존재는 어디서 왔으며, 어떻게 살아야 하느냐의 물음과 함께 죽음에 의하여 무(無)의 상태로 돌아가야 한다는 불안이다.

이 불안을 없애기 위해 인간은 미리 죽음의 상황으로 가보아야 한다. 죽음에 대한 불안으로부터 도망가지 말고 죽음이 언제든 나에게 닥쳐올 수 있다는 것을 깨닫고,[06]

죽는다는 사실을 절실히 느낄 때 자신에게 주어진 한정된 시간을 충실하게 살도록 노력할 수 있다. 죽음을 마주한 순간이다. 죽음을 마주한다는 것은 삶에 질문을 한다는 것이다. 우리 모두는 죽음 앞에 선 사람이다. 죽음을 마주했을 때, 우리는 죽음 자체를 수용하고, 지금까지 삶의 존재 방식을 청산하고 새로운 삶을 만들어 간다. 이러한 것이 삶의 소중함을 일깨워주고, 어떻게 살아야 할지에 대한 자각을 하게 한다.

죽음을 통해 '어찌할 수 없음'을 받아들임과 동시에, 이에 따른 실존적 삶을 살게 된다. 시간의 흐름 속에서 언젠가는 죽음에 이르게 된다는 것을 자각하고 자신의 죽음을 직시할 때. 우리는 비로소 '삶' 그 자체를 살 수 있을 것이다. 오롯한 삶을.

많은 현대인들이 죽음에 관한 질문하기가 없는 삶을 살고 있다. 당연히 다가올 죽음을 망각하고, 진정한 '나'를 잃어버린 채 타인의 시선을 의식하면서 살아가는 삶은 타인이 사는 모습을 따라 사는 퇴락한 삶이다.

질문하기는 삶의 유한성과 죽음을 인식하고, 진리를 깨닫고, 참된 '나'를 찾아 사는 삶이다. 우리는 '나'가 누구인지, 왜 사는지, 어떻게 살아야 하는지 등에 관한 실존적 삶을 향한 질문하기에 귀 기울이는 삶을 살아야 한다.

질문하기, 술어화의 시작

인류에게 질문은 어떻게 시작되었을까? 인류는 복잡한 혼돈의 세상과 접하면서 생존해 왔다. 생존을 위해 끊임없이 타자를 술어화하며, 관계맺기를 해왔다. 술어화는 세상을 이해하는 방식이다.[07]

인류는 세상에 생존하기 위해 나와 타자의 정체에 관심을 가지고 관계를 정립해 왔다. 인류는 '타자는 ~~이다'라고 술어화해서 자기 안으로 포섭해 왔다.

술어화는 무질서를 질서로 만드는 과정이다. 타자를 술어화하는 과정의 시작은 질문하기다.

'술어화'의 과정은 '나' 그리고 '나를 제외한 모든 것'들과 관계맺기다. 만약 당신이 인류의 시작점에 있는 사람이라면 이 세상을 어떻게 바라보았을까? 가장 먼저 한 것은 자기에게 해를 주는 것과 해를 주지 않는 것으로 나누었을 것이다. 인간은 혼돈의 세상을 이렇게 분류하면서 질서를 부여해 왔다. 그렇게 세상을 자기 안으로 포섭해 왔다.

술어화하기는 세상을 분류 틀 안에서 '관계맺기'를 한 것이다. 술어화의 시작은 질문하기다.[08] 술어화하면서 인류는 생존할 수 있었다. 질문하기를 통해 인류는 좀 더 근원적이고 인류가 뭉칠 수 있는 보편적인 것들을 찾기 시작했다.

난 술어다. 다만...

바다가 섬을 드러낸다.
섬이 바다 위로 솟아 오르는 것이 아니다.

술어가 주어를 드러낸다.
주어는 없다.

술어는 있다.
술어는 절대무다.

절대무는 상대무와는 다르다.
그냥 절대무다.

난 절대무의 현현이다.
난 술어다.

질문하기. 술어화의 정교화하기

 질문하기는 술어화를 더욱 정교화하게 하는 과정이다. '술어화'는 질문하기의 시작이자 대답이다. 술어화에 대해 질문하여 술어화하고, 또 질문하여 술어화하고...를 반복하며 인류는 발전해 왔다. 술어화한 것에는 여백이 있다. 그래서 명확히 규정내릴 수는 없다. 그래서 끊임없이 술어화인 질문하기를 반복한다.

$X = p_1, \quad X = p_2, \quad X = p_3, \quad X = p_4, \quad X = p_5, \cdots\cdots$

 질문하기는 이러한 술어화가 맞는지? 틀린지? 진짜 맞는지? 혹은 모든 것이 틀릴 수도 있다는 가능성을 열어 두고 되돌아보는 것에서 시작된다.

 술어화의 술어화. 되돌아 보는 것, 그것이 질문하기다. 단순히 걸어왔던 길을 되돌아서 답습하는 것이 아니라 그것에 대해 다시 생각하는 것이다. 기존의 것들을 해체하고, 창조적 상상을 통해 새로운 가능성의 세계로 나아가는 행위다.

 우리는 이러한 '질문하기'를 통해 비로소 창조적으로 상상할 수 있으며, 새로운 세계로 나아갈 수 있다. "그게 뭐야?" 라고 묻는 것. 이러한 '질문하기'를 통해 눈앞에 놓여 있는 존재나 사실을 그냥 놓인 상태로만 보는 것이 아니라 '나' 안으로 포섭해 왔다.

'나'로 포섭된 술어화는 멈추지 않는다. 술어화, 술어화, 술어화... 끊임없이 계속 나아간다. 더 깊이... 더 깊이... 더 깊이...

질문하기. 명확히 하기

 질문하기는 우리가 가진 생각들을 명확하게 만든다. 막연하게 알고 있는 것들을 낯설게 만든다. 낯설게 만든다는 것은 그것을 명확하게 하는 과정이다. 그것은 한 발 더 나아가는 것이다.
 "사랑이 뭐지?", "겸손이 뭐야?"
 질문을 통해 명확하지 않는 상태를 자각하게 한다. 그 자각 상태 속에서 개념이 드러난다. '명확하지 않은 상태의 자각' 이것이 '무지의 자각'이다. 무지를 깨닫는 것, 이것이 앎의 시작이다.
 무지를 깨닫는 방법은 질문하기다. 자신의 무지에 대해 질문하기다. 자신의 무지를 깨닫는 것은 질문하기를 통해 드러난다. 무지를 안다는 것은 명확하지 않음을 안다는 것이다. 질문하기를 통해 명확하지 않은 것을 더 근원적이고 객관적인 것으로 만들 수 있다. 그 과정 속에서 앎의 지평이 넓어진다. 대상이나 일어나는 사태에 대한 무지에서 벗어날 수 있는 방법이 질문하기다.
 무언가를 정의한다는 것. 정의를 하려면 일단 그것들을 언어에 가두어야 한다. 마주한 사태에 대해 언어로 한정 지어야 한다. 최소한 자신이 이해할 수 있어야 하며,

소통 가능한 것 안에 그것들을 넣어야 한다. 언어라는 틀에 넣어야만 한다. 하지만 언어로 모든 것을 표현하기는 어렵다.[09] 온전히 정의할 수는 없다. 정의해야 할 것들은 정의함으로 인해 그 정의에 장악당해 버린다.

그래서 '나'에게 그 정의가 맞지 않을 수 있다. 반면 '나'에게 맞는 방식으로 정의함으로써 그 정의를 자기것화 시킬 수 있다. 자기것화 시킬 수 있는 방법은 정의내려야 할 것들에 대해, 혹은 이미 정의내려진 것들에 대한 질문하기를 통해 개념을 재정의해야 하는 것이다.

질문을 던질수록 사유에 방향성이 생긴다. 질문하기가 범위를 정해 주기 때문에 오히려 구체화된 경계가 만들어진다.[10] 질문하는 순간 생각할 것의 경계가 생긴다. 질문을 하면 할수록 사유의 경계가 더 명확해 진다. 질문하기는 '문지방'(limen)을 넘는 행위다. 문지방은 시작과 끝을 알리는 특정한 시간과 장소를 말한다. 질문하는 순간은 새로운 앎으로 들어서는 순간이다. 문지방을 넘는 순간이다.

질문하기. 술어화. 관(觀)의 드러남

인간은 질문하기를 통해 술어화(p)하며, 존재를 찾아간다. 어떻게 술어화 하느냐에 따라 나아가야 할 방향이 달라진다.

'사랑'을 어떻게 술어화 하느냐에 따라 '사랑'하는 방법이 달라진다. '사랑'을 보호하고 위하는 것이라고 정의하고 있는 사람은 끊임없이 상대를 '사랑'하고 보호하고 위하려고 할 것이다. 하지만 '사랑'을 존재를 인정하는 것이라고 여기는 사람은 '사랑'을 존재를 인정하는 방식으로 할 것이다. 이것은 '국가'의 경우도 마찬가지다. '국가'가 힘없는 약자를 보호하기 위한 것이라고 여긴다면, '국가'는 약자를 보호하는 기관이 될 것이다. 하지만 '국가'를 개개인의 자유를 보장하는 것이라고 이해한다면, 자유시장주의 경제 정책을 펼 것이다.

술어화에는 자기의 삶이 반영된다. 삶을 바라보는 관(觀)에 따라 술어화가 달라진다. 술어화에는 술어화하는, 질문하는 주체의 가치관, 세계관 등 관(觀)이 반영된다.

'학문'을 술어화해보자. 흔히 우리가 알고 있는 '학문'을 한자로 표현하면 다음과 같다.

학문(學問)과 학문(學文)?

무엇이 맞을까? 앞에 나온 학문(學問)은 배우고 묻는다는 것이고, 뒤에 나온 학문(學文)은 글을 배운다는 말이다. 우리가 흔히 학교에서 학문을 한다고 할 때 학문은 學問을 의미한다. 배우고 묻는 것을 의미한다. 학문에 대해 인류의 술어화는 學問이었다. 배우고 묻는 것이었다. 학문을 學問(배우고 묻는다)로 정의한다면 질문하기는 중요해진다. 그런데 지금은 배우는 것은 있는데 묻는 것이 없다고 말한다. 배우기만 하고 묻는 것이 없다. 모르는 것을 봐야 하는데. 모르는 것이 없다. 무엇을 모르는지 조차 모른다. 오로지 배우는 것만 있다. 학문(學問)이 아닌 학문(學文)을 하고 있는 것이다.

또 하나의 예를 들어 보겠다. '화'에 관한 것이다. 누구나 화를 낸다. 그리고 그 화는 참아야 되는 것이라고 한다. '온유한 자는 땅을 기업으로 받을 것이다'라고 성경에서 말하고 있다. 여기에서 '온유'의 정의는 '화를 다스린다'는 말이다. 화를 내지 말라는 말이 아니라 화를 다스린다는 말이다. 우선 내지 말라는 말, 참으라는 말이 아닌, 다스리라는 말은 '화'의 존재를 인정하는 것이다.

'화'를 어떻게 정의하느냐에 따라 '화'는 달라진다. 과학자라면, 화의 정의를 뇌의 호르몬 분비로 볼 것이며, 불안한 '무의식적 심리적 기제'로 볼 수도 있을 것이다. 사전에는 '화는 몹시 못마땅하거나 언짢아서 나는 감정'이라고 한다.

'나도 모르게 화를 냈다', '너무 욱 해서 정신 줄 놨다'고 말하는 사람들이 있다. 그 사람들은 '화'를 어린시절 아픈 기억이 저장된 무의식의 표출 혹은 감정적인 것으로 참기 힘든 것으로 여겼다.

로마 시대의 철학자인 세네카는 '화에 대하여'라는 책에서 노바투스에게 '화'는 무의식중에 일어나는 것이 아니라 우리의 의지에 의해서 좌우된다고 말했다. 세네카에 의하면 두려움, 부끄러움, 현기증 등은 우리의 의지 밖에 있지만 '화'는 우리의 의지에 의해서 좌우되는 것이라고 한다. '화'는 참을 수 없는 것이 아니라 의지로 참을 수 있는 것이다. '화'를 내서 자신을 파멸시키는 바보가 되지 말고, '화'에 냉정한 위대한 정신의 소유자가 되라고 말한다. 세네카는 화를 '이성적으로' 정의내리고 있었던 것이다. 그래서 이성의 힘으로 화를 조절할 수 있다고 보았다.

이제 '화'를 다르게 술어화해서 '경계 짓기'라고 해보자. '화'를 나와 타자를 경계 짓는 방법 중 하나로 보는 것이다. 누군가 나의 존재를 해치는 영역으로 들어오면 '화'를 통해 나 자신의 경계를 짓는 것이다. 이 정의에 따르면 화를 내지 못한다는 것은 경계 짓기를 못하는 경우이다. 그래서 화를 잘 내지 못하면 다른 사람이 내 경계를 넘어 더 깊은 경계로 들어오게 된다.

이렇게 '화'를 정의내리면, 다른 사람들과의 관계에서 '화'는 무조건 참아야 하는 것이 아니라 어떻게 하면 잘 낼 수 있을까를 고민하게 된다. 여기에서 잘 낸다는 말에서 '잘'의 의미를 무엇일까? '자주'가 아니라 '좋다(good)'는 의미의 '잘'이다.

화를 어떻게 정의내리느냐에 따라 화를 참고 내지 말아야 한다고 하고, 잘 내야 한다고 한다.

2장

질문의
존재성

질문,
스스로를 드러내다.

질문하기. 그 자체가 목적

삶 속에서 드러난 질문하기는 답과 짝을 지어 존재하지 않는다.
오로지 그 자체만으로 존재한다.

삶은 정답이 없다.
정답을 강요받아 온 많은 사람들은
삶 속에서 정답을 찾으려고 한다.

삶 속에 중요한 것은 수 차례 제기되는 질문하기이지
답을 찾는 것은 아니다.
삶은 계속 나아가기 때문이다. 질문하기를 타고...

삶 속에서 정답을 찾기 않고, 질문을 해 대는 사람들..
그들은 도전하는 자다...
그들은 질문하는 것 자체를 목적으로 하는 이들이다.
물론 그들이 답을 찾기도 한다.
다만, 그 답은 다음 질문하기를 위할 뿐이다.

질문하기 그 자체가 목적이다. 질문하기는 수단이 아니다. 질문하기는 답을 위해 존재하는 것이 아니다. 질문하기 그 자체가 가치를 갖는다.

질문하기, 그 자체가 존재성을 지닌다

질문은 그 자체가 존재성을 지닌다.
태어나고, 성장하고, 소멸한다.
그리고 다시 태어난다. 다른 모습으로

질문하는 자가 질문을 던지는 순간
질문은 하나의 존재로 출현한다.

질문하기는 앎을 잉태한다.
그 앎은 질문하기의 모습으로 다시 태어난다.

질문은 질문하는 사람에게 종속되지만,
질문이 던져지면,
그 질문은 살아서 다른 질문을 만들어낸다.

맥락 속에서 만들어진 질문도
질문이 던져지면
다른 맥락 속에 다른 질문을 만들어 낸다.

질문을 하는 순간
그 질문은 생명력을 가진다.

또 다른 질문자를 찾는다.
또 다른 맥락을 찾는다.

질문은 그렇게 자기 생명력을 가진다.

질문하기. 스스로 드러난다

질문하기는 스스로 드러난다.
억지로 꾸역 꾸역 만들어내려고 하지 않아도 된다.

질문하기는 숙명적이다.
그래서 회피해서는 안된다.
다만, 그것이 숙명적으로 닥치면
형편에 따라서 성실하게 대결하고 극복해야 할 뿐이다.

깨어남은 의식이 없는 상태와 잠으로부터 깨어남이다.
질문하기는 잠들었던 내가 깨는 것이다.

잠이 깨면 의식을 되찾는다.
잠이 깨면 의식을 완전히 가짐으로써 인간은 그 자신이 된다.
잠자는 상태에서 인간은 자신을 박탈당한다.

깸은 언제나 돌발적이다.
갑자기, 잠이 깬다.
내가 할 것은 오직 그냥 눈을 뜨면 된다.
깨는 것은 언제나 저절로 되는 것은 아니다.

스스로 깰 때는 순조롭지만 깨워서 깰 때는 고통스럽다.
순조롭게 자는 잠을 중단시키고
거기에 잠과 대립하는 깸을 박아 넣는 것이다.

'스스로 깸은 질문하여 얻은 앎이다'

질문하기. 나에게 스스로 말을 걸어오다

말씀으로 세상을 창조하나니
우리는 신을 닮았으나 신은 아니기에
세상을 언어로 만드나
언어가 곧 세상은 아니다.

세계는 말하지 않는다.
내가 말할 뿐이다.
난 그것을 전부라고 믿고 있다.
마치 신인 것처럼.

언어로 만들어진 세상
언어로 채워진 진리

그 진리에 언어로 '물음'을 던진다.
이제 '물음'이 생명을 얻어 나에게 말을 걸어온다.

질문하기는 '언어'로 한다. 우리의 의식이나 자아도 모두 언어 속에 있다. 그 언어로 우리는 세상을 이해한다. 말할 수 없는 것은 생각할 수 없다고 한다.

언어로 세상을 모두 담아 낼 수는 없다. 언어를 통해 세계 그 자체를 우리가 다 알 수 있는 것은 아니다. 언어는 세계를 설명할 수 있는 하나의 도구일 수는 있다. 언어를 통해 세상을 어느 정도는 알 수 있다.

언어가 곧 세계는 아니다. 그러하기에 그 언어에 물음을 던져야 한다. 이때 언어는 질문으로 형상화되어 나에게 말을 걸어 온다. 내가 만들어 낸 질문이 나에게 말을 걸어온다. 그리고 난 그 질문과 대화한다.

질문하기는 언어의 형태인 낱말, 통용되는 개념들에 갇히지 않고 언어를 다시 보는 것이다. 질문하기는 나를 만든, 세상을 만든 언어와 대적한다. 상식과 편견, 선입견 그리고 당연과 싸운다. 자기 파괴도 하고, 세상도 파괴한다.

질문하기. 존재의 드러남

인간은 자신의 존재 이유와 본질을 스스로 만들어가야 하는 창조적 존재다. 사람들은 태어날 때 자신의 목적이나 됨됨이가 정해져 있지 않다. 사람 그 자체가 먼저 있고, 그 후 선택과 결정의 과정을 통하여 그 사람이 어떤 사람인지가 만들어진다.

인간에게는 예정된 것은 없다. 아무런 목적도 없이 세계에 내던져진 것이다. 인간은 스스로 선택하고 결정할 수 있는 자유로운 존재이기도 하다.

우리는 태어난 후에 끊임없는 선택을 직면하고, 그 선택에 따라 삶의 본질이 만들어진다. 선택은 '질문하기'를 통해서야 비로소 가능하다. 인간은 매 순간 실존하기 때문에, 매 순간 질문을 해야 한다. 질문하기가 없다면 '선택'은 불가능하다.

질문하기를 통해 자유를 선택한 사람만이 '책임과 의무를 동반하는 적극적인 의미의 자유'를 획득할 수 있다. 인간에겐 '나'가 원하는 대로 마음 내키는 대로 선택하고 결정하며 삶을 만들어 갈 자유가 있다. 그러나 이 자유는 '나' 자신이 원하는 것을 선택하는 것에 국한된 소극적인 자유가 아니고, 자유에 따른 책임과 의무를 동반하는 적극적인 의미의 자유를 말한다.

  인간은 자유롭도록 '선고'받았다. 선택의 자유가 있음과 동시에 반드시 그 자유를 행사해야 할 의무도 있다. 선택을 하지 않을 자유는 없다. 인간은 태어나서 죽을 때까지 선택에 직면하게 되며, 순간순간 선택할 자유가 있다. 그리고 그 선택에 대한 책임을 지며 살아간다. 그것이 개인 삶의 본질을 변화시킬 수 있다.

  인간은 자유롭게 자기가 선택하며, 그 결과로 자신을 형성할 수 있다. 스스로 바라는 삶의 모습을 계획하고 그 계획 속으로 자신을 던짐으로써 자신이 선택하는 자신을 만든다. 이 과정에서 인간은 자유하다. 자유는 어느 누구도 빼앗을 수 없다. 자기다운 삶을 살기 위해서는 자유를 선택해야 한다. '나' 자신이 자신의 삶을 선택하지 못하는 것은 질문하지 않기 때문이다.

질문하기. 에로스다

에로스
어쩔 수 없다.
그렇게 하고 싶지 않다.
그러나 어쩔 수 없다.
왜 그런지 자신도 모른다.
그런데 내가 지금 빠져 있다는 것은 안다.
내가 보아진다. 빠져서 허우적 거리는 내가 보인다.
난 없다. 끝낼 수도 없다. 내가 없으니까.
난 그것도 결정할 수 없다.
지옥의 신 하데스도, 신들의 신인 제우스도
그의 화살에 발을 꿇었다.
하물며, 나야...

그냥 포기하련다.

아무 생각 없이 플라톤의 동굴에 갇혀 벽에 비췬 그림자만 보던 이가, 동굴을 빠져나와 태양 아래의 세상을 맛보았다면, 그는 결코 다시는 동굴에 머물지 못할 것이다.

질문하기는 동굴 밖을 향한 에로스다. 간절함이다. 가슴 뛰는 순간이다. 질문하기는 나를 가만 두지 않는다. 계속해서 '너'를 드러낸다. 내 안으로... 거부하지 마라. 그냥 받아드려라.

질문하기. 존재의 본질을 탐구하는 여정의 시작

'나는 생각한다 고로 존재한다' 데카르트는 확실한 진리를 찾기 위해 모든 것을 의심하는 방법을 사용했다. 그는 의심을 통해 세상의 모든 것들에 대해 질문을 던졌다. 이 과정에서 '확실하게 존재하는 것'은 아무것도 없다는 사실을 알게 된다. 이런 의심(고민) 속에 절대 변하지 않는 것은 '이런 고민을 하고 있는 자기 자신 나'이다. 모든 것들을 다 의심하고 부정하고 나면 결국 남는 것은 생각하고 있는 나다. 그것을 부정할 순 없다. 결국 생각하는 나만이 확실한 존재라는 결론에 도달하게 된다. 질문하기 때문에 존재한다는 것이 여기에서 나온다. 이는 질문하기를 통해 존재의 본질을 탐구하는 여정이 시작되었음을 의미한다.

데카르트는 정신과 물질을 구분하며, 이성적인 사고만이 진리로 가는 길이라고 주장했다. 경험을 통해 얻은 감각은 사람마다 달라서 그것을 확실한 지식으로 간주할 수 없다고 보았다. 그는 이성적 사고를 통해서만 참된 지식에 도달할 수 있다고 믿었다. 인간은 이성을 가진 합리적인 존재이며, 옳고 그름을 이치에 맞게 잘 판단할 수 있다고 여겼다. 이성을 인간의 공통된 속성으로 본 것이다. 그래서 인류의 보편성, 즉 인간의 공통 특성에 관한 질문을 했다.

하지만 개개인의 삶에서 드러나는 감정, 의지, 욕망, 불안과 같은 문제들을 비합리적인 것으로 여겨, 모든 인간은 '~해야 한다'는 보편적인 이성에 의해 존중받지 못하게 되었다. 그러다 보니 이성 중심은 보편적 이성을 중요시 여길 수밖에 없으며, 그 보편성은 국가주의와 맥을 같이 하게 되었다. 또한 존재를 이성으로 나누지 않고 '있음' 자체로만 바라보아야 하는데, 이성은 인류에게 편견을 불어 넣었다.

그 결과 이성적 존재라는 인간은 세계대전을 일으키게 된다. 인간을 이성적으로 판단할 수 있는 존재라 믿었으나, 인간이 이성만으로는 합리적인 결정을 내리지 못할 수 있음을 보여주었다. 이 시기 인류는 '이성'에 대해 질문하지는 못했다. '질문하기'의 범위를 '이성'이라는 보편성 안에서만 허락한 것이다.

이성만이 모든 사유를 대표하는 것으로 이성을 정당화하여 당연히 진리라고 생각했던 '이성'에 질문을 던짐으로, '이성'의 한계를 인정했어야 했다.

실증주의. 이성 중심적 사고는 실증주의 철학으로 이어졌다. 실증주의는 객관적으로 증명할 수 있는 것만을 진리로 받아들인다. 이는 과학의 발전을 이끌었다. 과학의 발달은 물질적으로 풍요로운 세상을 가져왔다. 그러나 물질적으로 풍요롭게 되면 행복해질 것이라는 예상은 달랐다. 환경오염으로 자연은 황폐해졌다. 대량생산으로 물건을 싼 값에 이용할 수 있게 되었지만, 공장에서 기계처럼 일을 해야 했고, 빈부 격차는 심해졌다.

실증주의는 '질문하기'의 범위를 검증할 수 있는 사실만을 중요시함으로써 불확실성이나 비이성적인 질문들을 배제했다. 이는 진리 추구의 과정에서 질문하기의 깊이를 제한해 버렸다.

하지만 확실한 답을 넘어서 존재에 대한 근본적인 질문을 던졌어야 했다. 하이데거는 인간만이 자신의 존재에 대해 질문함으로써 진정한 존재로서의 의미를 찾을 수 있는 존재라고 주장하며, 이를 통해 '질문하기'가 단순히 지식 추구를 넘어서 존재 자체에 대한 깊은 성찰을 가능하게 만든다고 말한다.

실존주의. 철학은 이성 중심주의를 반성하고, 인간 존재의 본질을 탐구한다. 그들은 '이성적 존재'라는 인간의 특성에 의심을 하였다. 실존주의자들은 '질문하기'를 통해 인간 존재의 깊이를 탐구하고, 기존의 이성적 접근이 아닌 개인의 실존적 경험에 기반한 답을 찾아가야 한다고 주장한다. 샤르트르는 우리가 찾고자 하는 본질이 존재하지 않을 수도 있다고 말하며, '있음' 자체가 의미 있는 것임을 강조했다. 존재하는 모든 것들은 어쩌면 우연히 존재할 뿐 필연성이나 합리성 등 본질은 없다고 이야기한다. 우리는 본질을 찾아 무엇인가 설명하려 하고 파악하려고 하지만 '있는 것(실존)'은 그러한 것들보다 우선이다. 그저 '있음' 자체가 의미가 있는 것이다. 실존주의에서 '질문하기'는 '이성'의 지평을 넘어선 것이다. 진정한 질문은 세상의 본질을 설명하려는 것이 아니라, 그 존재 자체에 대한 의문을 던지는 데 있다. 단순히 '답'을 찾는 과정이 아니라, 질문하기를 통해 우리는 우리의 존재를 깊이 있게 들여다보고, 자신만의 존재적 의미를 찾을 수 있음을 의미한다.

인간은 끊임없이 질문을 던지고 그 질문을 통해 스스로의 존재를 정의해 나가는 존재이다. 따라서 '질문하기'는 진리와 존재에 대한 탐구에서 중요한 출발점이며, 인간이 더 깊은 자유와 이해에 이를 수 있는 길을 제시한다.

질문하기. 밑도 끝도 없이, 툭

질문은 선과 선으로 연결된다.
하나의 선에서 또 다른 선이 나온다.

질문하기는 시작점이 없다.
어디에서 시작되었는 지 모른다.
갑자기 출현한다.
끝도 없다.
언제나 중간에 있다.

사건과 사건 사이에 등장한다.
사물과 사물 사이에 등장한다.
상황과 상황 사이에 등장한다.

그래서 질문하기는
그리고- 그리고- 그리고- 그리고- 그리고......

질문하기는
앎의 어떤 지점에서든 다른 지점과 연결 접속한다.
모든 차원, 모든 상황, 모든 사건, 모든 사물들 안에서,
그리고 사이에서

질문하기는
끝없이 분해가능하며,
전복될 수 있고, 변형될 수 있다.

질문하기는
능력(competence)이 아닌
수행(performance)이다.

질문하기는
답습, 복사를 거부한다.

3장

질문을 위한 질문

질문하기는 질문을 만들기 위해서다.
난 해체되었다.
아무것도 없다.
사라졌다.
다만 질문만을 남긴채...

MILLION

질문이 질문을

하나의 질문
또 하나의 질문
그 하나가 또 하나를 만들고
하나가 이전 하나와 결합하고
이전 하나가 새로 만들어진 하나와 결합하고

기다리고 기다리던
답은
오지 않는다.
애시당초
답은 없었다.

답이 오는가 하면
그 자리를 질문이 채우고

질문이 씨실과 날실이 되어
천을 만들고
그 천이 초원을 덮어 길을 만든다.

실크로드는 그렇게 질문으로 채워졌다.

질문하기, 질문하기 위해서

  질문의 목적은 답이 아니다. 질문은 또 다른 질문을 만들기 위함이다.[11] 질문하기는 기존 지식체계에 대한 단순한 축적이 아니다. 기존 지식체계에 흠집을 내고, 자기의 앎을 수정하기를 반복하는 계속된 자기 부정의 과정이다. 그 과정 속에서 질문은 계속 다른 질문을 만들어 낸다. 세포처럼 자기증식을 한다. 질문들은 답에 머무르지 않고 계속해서 질문을 만든다. 답을 위한 질문은 어느 순간 사라지고, 질문을 위한 질문이 된다.

  질문과 답은 일대일 대응구조가 아니다. 질문에 대해서는 무수히 많은 답이 나올 수 있다. 질문이 질문을 낳기 위해서는 무수히 많은 답이 나와야 한다. 답들을 비교하고, 관련짓고, 정교화하는 과정에서 또 다른 질문이 만들어진다. 이 질문은 처음 만들었던 질문보다 더 구체적이며, 방향이 분명하다. 질문하기도 답도 일회적이거나 정적이지 않고 서로를 의지하면서 운동한다.

  질문들이 모이고 모이면 예상하지 못했던 질문과 답이 창발된다. 서로 전혀 관련이 없을 것처럼 보이는 것들도 섞일 수 있다. 질문과 질문, 질문과 답, 혹은 답과 답들, 근친교배도 하고, 이종교배도 한다. 그러다 전혀 다른 질문이 나오기도 한다. 이렇게 인류는 질문을 통해 발전해 왔다. 물론 개인도.

내가 모르는 것을 알기 위해 질문을 하는 것은 무엇인가 모르기 때문에 답을 찾기 위해 하는 질문이다. 그런데 내가 알고 싶은 것을 질문하는 것은 단순히 답을 찾는 것에만 그치지 않는다. 답을 찾기보다는 오히려 질문을 더 하기 위해서 질문을 한다고 할 수 있다. 알고 싶은 것을 물었는데 그 답을 해 줬다고 해보자. 그런데 그 답을 듣자 마자 또 다른 질문이 나오는 경험을 많이 했을 것이다. 더 알고 싶기 때문이다. 이때는 질문을 더 하게 된다. 질문을 하고 또 질문을 하게 되는 경우이다.[12]

질문은 역동적이다. 고요한 앎의 지평에 파동을 일으킨다. 앎의 지평에 던짐이라는 질문의 역동적 행위가 또 다른 질문을 만들어 낸다. 누군가가 던진 질문은 마중물이 된다. 또 다른 질문의...

답을 찾는 것은 또 다른 질문으로 가는 경로에 불과하다. 답하기가 목적이 되는 곳은 안정과 확실성을 추구한다. 그래서 답이 나오면 질문을 하지 않는다. 질문하기, 자체가 목적인 곳은 혼돈을 추구한다. 불확실성을 추구한다. 안정이 되려고 하면 다시 질문을 던진다. 고요하게 두지 않는다.[13]

질문하기는 사태, 사건의 충실성에서 비롯된다. 새로

움이라는 역동성에의 충실함이다. 충실함은 일회적인 것이 아니다. 계속 추동하는 것이다. 질문하기의 시작은 기존의 것, 익숙한 것에 대해 '낯설게 하기', '해체'에서 시작한다. 눈에 보이는 것, 귀에 들리는 것 등 모든 것들을 뒤집어 본다. 이때의 뒤집음은 계속 등장한다. 그것이 충실성이다. 질문 자체가 충실성을 갖고 있는 것이기에 계속 질문하는 것은 어쩌면 지극히 당연하다.

질문하기의 핵심은 질문을 멈추지 않는데 있다. 바디우는 경계에 충실성이 더해지면 진리가 된다고 하였다.[14] 질문하기는 경계에서 드러나는 새로움에 충실성을 두어 진리화하는 과정이다. 흔히 바꾸지 않는 것, 변함없는 것에의 충실, 즉 기존의 것을 진리로 받아들이는 것을 충실성이라고 말하는 사람들이 있다. 그것은 충실한 것이 아니다. 기존의 것은 계속 변한다. 그 변화에 충실해야 한다. 변화는 '질문하기'의 옷을 입고 있다. 변화를 도와야 한다. 무엇인가에 충실하다는 것은 그냥 받아들이는 것이 아니다. 변화에 충실함을 이야기 한다. 끊임없음을 의미한다.

질문하기. 세상을 어떻게 보느냐

사람들은 똑같은 세상을 보면서도 서로 다르게 해석하고 판단한다. 세상을 바라보는 '틀'이 다르기 때문이다. 여기서 '틀'은 인간의 경험, 문화, 언어, 감각적 한계 등을 포함하는 복합적인 요소로, 우리가 세상을 어떻게 인식할지 결정짓는 기준이 된다. 이 '틀'에 따라 각기 다른 질문들이 던져지고, 세상에 대한 해석이 달라지게 된다.

이 '틀'은 언어로만 구체화되지 않는다. 언어는 우리가 생각을 표현하는 도구이지만, 모든 것을 완벽하게 설명할 수 없다는 한계를 가진다. 우리가 느끼는 감정이나 직관적인 이해는 언어로 완전히 담아낼 수 없다. 인간은 시각, 청각, 촉각 등 특정 감각을 통해 세상을 인식하지만, 이러한 감각의 범위는 제한적이다. 사유 또한 한계를 가진다. 그 결과, 우리는 세상 전체를 인식할 수 없으며, 그 일부만을 선택적으로 받아들일 수밖에 없다.

이와 같은 인식의 제약을 다룬 것이 인식론이다. 인식론은 '우리는 어떻게 알고 있는가?', '우리가 알고 있다고 믿는 것이 진짜인가?'와 같은 근본적인 질문을 다룬다. 인간은 세계를 그 자체로 알 수 없다. 세상에 대한 인식은 시대마다 다르게 나타났다.[15]

질문하기. 객관주의 인식론

   전통적인 인식론은 세상은 객관적인 것이 있어서 보는 방법도 정해져 있다는 객관주의 인식론이다. 객관주의 인식론은 합리적 이성의 토대를 낳고, 과학주의를 낳았다. 세상은 객관성에 입각하여 파악하고 판단된다. 세상은 객관적이고 보편타당한 법칙과 질서가 기계적으로 작동된다고 보았다. 세상에는 명확한 답이 있다. 질문은 그 답을 찾기 위함이다. 보편적 진리의 존재를 확신하기 때문에 이미 확정된 진리를 알고자 질문한다.
   그 진리가 '답'이다. 답이 정해졌다. 여기에서 질문은 그 진리를 판단하기 위함이다. 객관적인 사실을 찾기 위한 질문, 답을 찾기 위한 질문이다. 답은 이미 존재하기 때문에 질문은 '답'을 알기 위한 것이다.
   객관주의는 정답주의로 전락할 염려가 있다. 진리를 무조건 받아들이게 하는 것이다. 객관주의는 정답을 가정하다 보니 상대를 인정하지 않는다. 정답이 아니면 무조건 틀린 것이다. 질문보다 '답'이 중요하다. 질문은 오직 '답'을 찾기 위함이다. 마치 학창시절 정답이 있는 시험문제를 푸는 학생들처럼 주어진 '질문'에, 정해진 '답'을 찾는 것이 목적이다.

질문하기. 상호주관주의 인식론

인식이 획득되고 확립되는 것은 오직 사회 속이며, 그 인식의 근원은 인간의 사회적 여러 활동 속에 있다. 인간의 인식 활동은 공통된 합의를 바탕으로 한다.

상호주관주의에서 모든 지식은 해석의 문제로 간주한다. 이때 질문은 끊임없이 자신의 해석과 타자의 해석에 대해 관심을 갖게 한다. 상호주관주의는 '자신'이라는 말과 '타자' 그리고 '해석'이라는 말이 추가된다.

상호주관주의에서 진리는 주관적 신념의 산물이다. 객관적 사실은 없고 해석만 존재할 뿐이다. 무엇을 인식한다는 것은 '주체'에 의해 해석되는 것을 의미한다. 사람에 따라 세상을 달리 볼 수 있다는 것이다. 내가 세상을 어떻게 바라보느냐가 중요하다. 세상을 인식의 틀(구조, 범주)안에서 받아들인다.[16]

동일한 사실이라고 할지라도 누가 어떤 관점으로 어떻게 해석하느냐에 따라 전혀 다른 의미로 다가온다. 각각의 경험이 다르듯이, 해석에 의해 구성된 실제의 모습이나 의미도 다르다. '주체'의 인식 대상인 '객체'는 객관주의와 마찬가지로 주체와 여전히 분리된 채, 주체의 이해를 지속적으로 구성해 나가며 그 결과로 생성되는 것을 지식으로 본다. 개인의 인식은 세상과 유리된 채 개인의 의지대로 해석되는 것이 아니라 사회문화적 맥락에서 해석된다. '인식'은 사회적, 역사적으로 형성된 집단의 역동적인 상호작용을 통해 합의의 과정을 거쳐 지속적으로 변화되며 구성되는 것이다. 객관주의 인식론처럼 지식을 절대적인 것으로 보지 않는다.

상호주관주의에서 지식은 세상이며, 세상을 바라보는 '틀'이다. 그렇다고 세상을 '주체'에 의해 마음대로 이해하는 것은 아니다.[17] 이것에 대해 후설과 하이데거는 우리는 '세계-내-존재'이기에 해석에 있어서 세계 속에서 해석해야 한다고 말했던 것이다.

세계 속에서 해석함은 곧 세상이 만들어 놓은 인식의 '틀'을 익히는 것이다. 상호주관주의에서 해석의 수단인 '틀'은 특권적 지위에 있는 주체 즉 국가나 집단이 그 범주를 구성하거나 받아들이는 것에 따라 결정된다. 객관주의에서는 이미 정해진 보편적 진리를 기준으로 범주화하여 그대로 인식하는 것에 비해 상호주관주의에서는 시대와 공간, 그리고 문화 등 특정한 사회가 용인하는 한에서 보편적 진리를 인정하고, 이를 수용한다.

상호주관주의에서 인간은 사물이나 사건을 지각하여 범주화한다. 지식은 새로운 경험을 통하여 구성되거나, 이미 알고 있는 지식이 새로운 개념으로 확장, 변화됨으로써 습득된다. 하지만 이러한 것들은 결국 세상에 의해서 주어진 '틀'이다. 결국 '틀'은 외부의 대상을 객관적으로 범주화하는 방식이다. 이 범주화는 사회적으로 구성되는 것이다.

상호주관주의 인식론에서 인식은 참여한 자들 사이, 즉 다른 주관과의 공유된 이해다. 공동체적 자아, 공유적 이해 그리고 합의된 객관성을 의미한다. 상호주관은 다른 주관을 인정할 때 형성된다. 자기 주관에서 빠져나와 다른 주관을 인정해주지 않을 때 주관은 독단이나 고집이 된다. 개인의 주관적 인식은 타자의 주관적 인식과 만나 상호주관적인 인식을 만든다.

여기에서 인식은 사고하는 타인의 지지를 통해 이루어진다. 인식의 대상을 세계 내에서 통용되는 것이라고 하는 것은 객관적인 것이 아닌 인식의 주체에 의해 받아들여진 상대적인 개념이다. 객관주의에서의 앎과의 차이는 변화를 전제하느냐 하지 않느냐?, 이에 따라 위계를 가정하느냐 혹은 하지 않느냐?, 그리고 기준이 일상의 삶에 있느냐?, 아니면 특정한 교리나 기준에서 제시된 것이냐? 하는 것에 있다.

상호주관주의에서도 객관주의와 마찬가지로 기준의 존재에 관해서는 이견이 없다. 객관주의에서 앎은 오직 위계만 있을 뿐 그 자체에 대해 변화를 전제하지 않지만,

상호주관주의에서 앎은 삶을 받아들이는 주체에 따라 결정되므로, 앎의 대상 자체가 변화를 전제로 한다는 점이 다를 뿐이다.

상호주관주의에서는 세상에 대한 '질문'을 통한 인식의 '틀'을 확장하기 위해 계속적인 수정과 변화를 거쳐 지식을 재구성하고 발달해야 한다. 물론, 변하지 않는 명확한 기준이 있다고 보는 객관주의에 비해 앎은 '삶'에 기준을 두기 때문에 주체에 의해 그 기준이 변화될 수는 있다. 다만 우리는 삶을 떠나서 살 수 없는 '세계-내-존재'이므로 우리의 사유는 그 시대의 정치, 경제, 문화, 종교 등을 포함한 총체적 삶 안에서 이해가 가능하다. 그러므로 총체적 삶에 대한 기준이 요구되는 것이다.

상호주관주의는 특권층에 위치한 인식주체들에 의해 지식이 결정되는 과정에서, 여전히 형이상학적 체계에서 벗어나지 못했다는 한계를 갖는다. 여기에서 질문하기는 세계가 바라보는 공통된 '틀'을 찾는 것이다. '틀'이 정답이므로. 상호주관주의 역시 답을 원할 수 밖에 없다. 다만, 그 '틀'에 관해 낯설게 하기를 통해 질문하기를 끊임없이 해야 하는 과제 또한 안고 있다. 그 '틀'을 낯설게 보고, 그 '틀'을 넘기 위해 질문해야 한다.

질문하기. 나의 관을 들여다 보는 것

사람이 세상을 대할 때 누구나 자신만의 안경을 쓰고 봅니다.
안경 색이 빨간 색이면 빨갛게, 파란색이면 파랗게...

우리는 그 안경을 관(觀)이라고 합니다.
세계관, 학문관, 여성관...
'관(觀)'은 '보다'라는 뜻입니다. 세상을 보는 방식입니다.

세상은 존재 그 자체로 우리에게 다가오지 않습니다.
세상은 '있음' 자체가 아닌 '관'으로 우리에게 다가옵니다.
질문하기는 '관'으로부터의 벗어남입니다.
질문하기는 '관'을 낯설게 하기입니다.

질문하기는 '나'가 되어
'관(觀)'을 들여다 보는 것입니다.

질문하기. 상호객관주의 인식론

세상을 인식 주체 밖에서 주어진 것으로서 이해한 객관주의나, 상호주관주의에서처럼 인식 주체 안으로부터 구성되는 것으로 이해하려는 접근은 여전히 한계를 갖는다. 이때 등장한 인식론이 상호객관주의적 인식론이다.[18][19] 상호객관주의 인식론은 인식의 주체와 객체의 구별 없이 끊임없이 연결, 연결의 관계 맺기를 통해 인식을 확장한다.[20]

> 성경에 씌여 있듯이 아담과 이브는 선악을 알게 하는 나무의 열매를 따먹는 바람에 다른 존재로 바뀌어버렸고 다시는 처음의 무죄 상태로 돌아갈 수 없었다.
> ⋯ 중략 ⋯
> '타락'하기에 앞서 그들이 세계를 어떻게 인식했는가는 벌거벗은 몸을 통해 나타난다. 벌거벗고 돌아다닌 그들은 그냥 안다고 하는 무죄상태에 있었다. '타락'한 뒤 그들은 자기들이 벗었음을 알았다. 곧 그들은 자신들이 '안다는 것을 알았다', 자기들의 앎을 깨달았다. (…) 앎을 알면 얽매인다.

대표적인 상호객관주의 인식론자인 하버드 대학의 마투라나와 바벨라는 우리가 보고 있는 세계는 실제 존재하는 세계이기보다는 우리가 내부에서 만들어가는 세계라고 주장한다. 우리가 세계의 '공간'을 보는 것이 아니라 우리의 시야를 체험하는 것이라는 의미다. 결국 우리의 시야를 보고 있는 '나'를 객관화하는 것이다. 빨간 장미가 있다고 해 보자. 사람이 보기엔 빨간 장미이지만 인간과 신경체계가 다른 개구리나 초파리는 파란색으로 볼 수도 있다. 장미가 가진 빨간색은 원래 존재하는 것이 아닌 보는 유기체에 따라 다른 방식으로 체험하기 때문이라는 것이다.

상호객관주의에 따르면 사람들이 감각을 통해 느끼는 대상은 사물 그 자체가 아닌 신경 체계의 해석에 따른 것이다. 상호주관주의에서 의미하는 '나'와는 다른 '나'인 것이다. '나'이나 그 '나'는 객관화 된 '나'이다.

상호객관주의에서 무엇인가 인식하는 앎은 객관적인 실재를 쌓는 것이 아니라 오히려 신경계 안에서 지속적인 변화를 거쳐 행동까지도 끊임없이 변화시키는 과정이다. 고정된 지식은 존재하지 않는다. 그래서 인간의 판단 기준도 변한다는 것을 의미한다.

객관주의는 객관적인 실재가 밖에 있고, 그것이 '나' 안으로 인식된다. 상호주관주의는 객관적인 실재의 유무에 대한 것보다는 그것을 어떻게 해석하느냐를 중요시 여긴다. 반면, 상호객관주의에서는 우리의 앎이 안에서 밖으로, 밖에서 안으로, 양 방향으로 흐르는 순환 고리를 가진다. 상호객관주의에서 세계는 우리와 동떨어져 독립적으로 존재하지 않고 인간과 끊임없이 상호작용하여 나온 산물이다. 객관주의처럼 진리가 주체 밖에 존재하지 않고, 그렇다고 상호주관주의처럼 주체가 해석만 하는 것도 아니라는 것이다. 상호객관주의에서 인식의 주체라고 했던 인간의 인식은 객체에게 영향을 받아 해석을 한다는 의미에서 주체의 자리에 있을 수 없게 되어버린다.

정해진 기준에 따라 일방적으로 세상을 해석하는 것이 아니다. 혹은 세상의 기준에 맞춰 해석하는 것도 아니다. 해석하고자 하는 대상이 나에게 끊임없이 영향을 미치고, 나 또한 대상에 영향을 미쳐 계속 해석해 나아간다는 것을 의미한다. 시간에 따라서도 대상에 대한 해석이 달라질 수 있다. 공간에 따라서도 대상에 대한 해석이 달라질 수 있다. 무수히 얽히고 설킨 실타래같은 대상에 따라 영향을 받으며, '나' 또한 그 대상에 영향을 주고, 영향을 받아 또 변한다.

'답'은 중요하지 않다. 답은 연결을 위해 존재한다. 그 연결은 질문하기다. 답이 고정이고 마침이라면 질문은 연결이고, 이어짐이다. 고정된 인식도, 고정된 해석도 없다. 여기에 작용하는 것이 질문하기다. 마치 '질문하기'가 끊임없는 '생성'을 추구하는 것과 같다. 끊임없이 상황, 시간, 공간 등 맥락에 따라 달리 연결되어 생성되며, 생성된 것은 그것에 그치는 것이 아니라 또 다른 연결을 찾아 또 생성한다. 마치 나무뿌리가 얽키고 설키듯이.

상호객관주의에서 질문의 목적은 질문을 만드는 것이다.

질문하기. 다만 그것을 그대로 볼 뿐

질문하기는
나를 객관화하는 것이다.
질문하기는
나를 부인하는 것이다.
내가 질문하는 순간 나는 나를 벗어난다.
나를 벗어나는 순간
나를 들여다 보게된다.

내가 주관화 되었을 때 난 질문을 할 수 없다.
다만 세상을 받아들일 뿐.
그 세상은 누군가가 만들어 놓은 세상.

내가 나를 객관화하였을 때
난 질문을 한다.
내가 사라졌으므로 난 아무 것도 판단할 수 없다.
다만 그것을 그대로 볼 뿐이다.

질문하기. 대상과 주체의 객관화

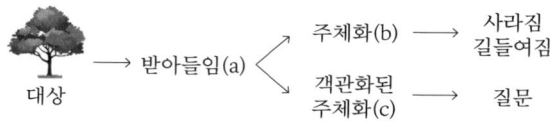

질문하기는 어떤 것을 받아들이고 난 후 그 받아들임에 대한 반동이다. 인간은 대상을 받아들일 때(a) 촉각, 시각, 청각, 후각, 미각 등 모든 감각을 통해서 총체적으로 받아들인다.

받아들임

우리는 그것을 '인식'이라고 한다. 받아들이는 것은 우리 안에서 해석된다. 해석하는 과정은 주체화(b)와 객관화된 주체화(c)로 구분된다. 질문하기는 '주체화'라고 당연하게 생각할 수 있다. 그리고 이해해야 하는 대상을 객관화하여 주체가 객관을 이해하는 방식이라고 생각할 수 있다. 하지만 질문하기는 오히려 '객관화된 주체화'다. 자기 자신까지도 객관화할 수 있어야 비로소 인식의 단계에서 질문하기가 가능하다. 자기 생각에 사로잡혀 있다면 질문하기를 할 수 없다. 질문하기는 자기 생각을 확인하는 것이 아니다. 자기 생각을 버리는 과정이다.

'주체화(b)'는 '타자에 의해 주체화된 자아'와 '자기 스스로에 의해 주체화된 자아' 모두를 포함한다. '타자에 의해 주체화된 자아'는 타자가 해석한 대로 받아드리는 존재로서 타자에 의해 사라지고 길들여짐을 당하는 존재이다. 반면 '자기에 의해 주체화된 자아'는 자신의 경험과 이해의 틀로 세상을 해석한다. 그러한 과정에서 자기만 있고, 세상이 사라진다. 자기 안의 세상안으로 또 자기를 길들인다. 주체화된 받아들임은 타자나 자아 모두에게 세상을 존재 그 자체로 받아 드리기 보다 인식의 '틀'로 가두는 것이다.

반면 '객관화 된 주체화(c)'는 존재(대상)를 '알지-못함'의 상태로 놓고, 질문하기를 통해 낯설게 받아들이게 한다. 주체가 '객관화된 주체화' 되었다고 해서 수동적인 존재가 되었다는 의미는 아니다. 당연하게 받아들이지 않겠다는 의미로서, 대상과 주체가 모두 주체화가 되어가는 상호객관적인 관계로의 의미를 말한다. 이것이 상호객관주의에서 질문하기다.[21]

질문하기를 위해서는 그동안 알고 있었던 것들을 낯설게 해야 한다. 그러한 것이 나를 완전한 무지의 상태로 만들지는 않는다. 질문하기는 나의 앎을 벗어나 그러한 것들을 들여다 보는 것이다. '객관화된 주체화(c)'는 '무지의 자각'의 '앎'에서 시작한다는 것에서 한 걸음 더 나아가 그 앎을 알고 있는 주체를 객관화할 수 있어야 한다는 것을 의미한다. 그렇게 되면 질문하기는 질문하는 자를 벗어나 비로소 '질문하기' 자체가 주체가 된다.

'질문하기'는 세상을 그 자체로 마주하게 하며 낯선 시선에서 새롭게 의미를 발견하게 한다. 그리고 '질문하기'는 존재성을 부여받는다.

질문하기. 날 왜 그렇게 봐?

넌 누구니?
넌 뭐니?
넌 왜 그렇게 불리니?
누가?
왜?
언제?
그렇게 부르는 사람들은 너를 어떻게 대하니?
누가 널 여기에 데리고 왔니?

날 보렴.
내 주변을 보지 말고 날 보렴.
오롯이 나를 보렴.

내가 빨갛니?
아니 색을 보지 말고 그냥 보렴.
이것이 빨간색이 아닐 수도 있어.

내가 귀엽니?
아니 누군가에게는 치명적일 수도 있어.
아니 누군가는 날 싫어할 때도 있어.

그냥 보렴.
그냥 받아들이렴.

너의 과거로 나를 보면 안된단다.
네가 세상에서 배운대로 날 보면 안된단다.

그냥 너와 만나고 싶어.
이해도 하지 말고,
알려고도 하지 말고,
감탄하지도 말고,
칭찬하지도 말고,
그냥 보렴.

네 앞에 있는 그것은 그것일 뿐,
그것을 너로 만들지 마...
너가 되는 순간 그것도 사라지고 너도 사라지기 때문이다.
떠오르는 생각도 너이니 그냥 흘리지 말고,
들여다보고 환대하렴.

3장 질문을 위한 질문

질문하기. 다시 질문하기

 질문을 했는데 답을 하지 않고 다시 질문을 던진다. 일반적으로 사람이 질문을 하는 것은 무언가에 대한 해답을 듣고자 하기 때문이다. 그러나 질문에 대한 답을 주지 않고 다시 질문으로 이어가는 것은 바람직한 소통 방식이 아니라고 대부분은 생각한다.
 그런데 질문을 했는데 답을 하지 않고 질문을 한 성인이 있다. '예수'다. 예수는 제자들이나 율법학자들의 질문에 '질문'으로 답을 했다.
 질문에 질문으로 답하는 방식은 질문을 던진 사람 안에 이미 존재하는 답을 끄집어내려는 의도에서 비롯된다. 즉, 질문하는 사람에게 스스로 답을 발견하게 하려는 것이다. 이는 일방적으로 앎을 전달하는 방식이 아니라, 질문을 던짐으로써 상대방이 미처 생각하지 못했던 관점에서 사유하고, 자기 안에 뿌리박힌 통념을 되돌아보게 만든다. 또한, 자기의 사유를 깊이 들여다보게 하며, 결국 그 답이 이미 질문을 던진 사람 안에 있음을 깨닫게 한다. 앎은 단지 주어진 것이 아니라, 스스로 발견해야 하는 것이기 때문이다.

#
누군가가 나에게 질문하는 것은
다르게 생각하고, 다르게 행동하는 방법이 있다는 것을
알리는 과정이다.
질문하기는 지금까지의 생각을 바꾸는 시작점이다.

#
질문하기는 버림이다.
그간 생활했던 것에 대한, 사유했던 것에 대한
자신의 상실이다.

질문하기. 욕망, 질문의 생성

질문하기는 욕망하기다.
앎과 세상에 대한 사유의 욕망이다.
'낯섦'을 자기 안에 포섭하고자 하는 욕망이다.

질문하기는 앎의 결핍이 아니다.
질문하기는 앎의 생성이다.

'모르기 때문에 질문하는 것'이 아니라
'새로운 앎의 구조를 형성'하기 때문에 질문한다.

 욕망은 뭔가 하고자 하는 마음이다. 갖고자 하는 마음일 수도 있다. 바람이다. 그렇다면 욕망의 원인은 무엇일까? 욕망을 결핍으로 보는 입장과 생성으로 보는 입장이 있다.
 많은 사람들은 인간의 욕망을 '결핍' 때문이라고 생각했다. 모든 것을 충족할 수 없는 인간에게 어쩌면 욕망은 반드시 발생할 수밖에 없는 무엇이었다. 이 입장에서 욕망은 '인내', '분별' 등의 이성적 원리로 제어해야만 했다.

욕망의 '대상'에 초점이 있다. 질문하기에서 욕망의 대상은 '답'이다. 욕망의 반영인 질문하기는 알아야 할 '대상' 즉 '답'에 초점이 있는 셈이다.

한편, 욕망을 결핍이 아니라 '생성'으로 보는 입장에서, 욕망은 기존의 것을 벗어나서 끊임없이 무엇인가 쟁취하고, 만들고 싶은 생산행위이고 창조행위다. 여기에서 욕망은 욕망하는 자로 귀속되지 않는다. 욕망은 욕망을 불러일으킨다. 욕망이 욕망을 불러일으키듯이 질문은 질문을 불러온다. 욕망은 질문하기의 자기 생성이다.

이젠 욕망을 앎으로 치환해보자. 질문하기를 앎에 대한 '결핍'의 관점에서 보면, 질문하기는 결핍된 것을 찾기 위한 행위이다. 결핍을 채우기 위해 질문하는 것이다. 여기서 결핍은 바로 '답'이다. 이 관점에서 질문의 목적은 답을 찾는 데 있으며, 더 이상 질문할 필요가 없을 때까지 답을 찾는 것이 목표이다. 즉, 질문은 무엇인가 정해진 것에 도달하기 위해 존재한다. 정해진 것을 찾으려 애쓰는 과정에서, 질문은 자신이 가진 '틀'에 맞춰져 간다.

하지만 질문하기를 앎에 대한 '생성'의 관점에서 보면, 질문하기는 새로운 영역으로 나아가는 과정이다. 질문하기는 낯설고 모호한 것들을 자신의 앎의 영역에 의미 있게 위치시키는 행위이다. 새로운 배치가 이루어지는 과정은 익숙하지 않은 상태를 만들어낸다. 아직 그 상황에 맞는 '주름'이 형성되지 않은 상태이다. 여기서 '주름'은 새로운 배치에 의미 있는 위치가 부여된 상태를 뜻한다. 질문을 하면 새로운 주름이 생겨내며, 그 주름은 내 안에서 의미 있게 자리 잡는다.

이질적인 마주침을 통해 낯설고 어색한 의미에 대한 질문이 생겨나고, 그 과정 속에서 새로운 주름이 형성된다. 바로 이 과정이 질문하기이다. 질문하기를 통해 새로운 배치가 만들어진다. 답을 중시하던 '결핍으로서의 욕망'에서, 이제 질문을 중시하는 '욕망의 배치'라는 개념으로 전환된다. 배치란 새로운 방식을 만들어가는 것을 의미한다. 질문하기는 자신만의 질문과 탐구 문제를 구성하고 생산하는 공간에서, 그리고 미리 결정되지 않고 계속 이루어지는 과정 속에서 일어난다.

생성은 열려있다. 그 자체로 의미가 있다.
욕망의 또 다른 모습인 질문하기는
욕망이 생성이듯이 끊임없이 자기를 드러낸다.

질문하기. 모든 질문은 자기에게로

 질문하기는 타자에 대한 이해와 함께 자기 자신에 대한 이해를 동시에 추구하는 과정이다. 질문자는 질문을 통해 자신의 존재와 삶에 대해 의문을 제기하며, 끊임없이 자신을 돌아보고 반성하는 경험을 하게 된다. 모든 질문은 결국 자기 자신에게로 향한다. 자기와 전혀 관계없는 타자일지라도, 결국 그것은 자기의 과거에 대한 앎이나 앞으로 알아가야 할 앎, 혹은 자기 안에서 해결되어야 할 앎으로 향하게 된다.
 그렇다고 해서 질문하기가 자기 안에만 머물지는 않는다. 질문하기는 질문자 내부뿐만 아니라, 질문자와 질문의 대상, 질문자와 답변을 받는 사람, 그리고 이전 질문들과의 상호작용을 일으키며, 서로에게 영향을 미친다. 질문하기는 자기 이해의 과정이다. 이 점에서 질문은 타자에 종속되지 않는다. 자기 이해는 자기가 자신을 이해하는 것과 동시에, 자기가 타자를 이해하는 것을 의미한다. 이 과정 속에서 사람은 지속적으로 자신을 변화시키고, 새로운 앎을 얻는다.

질문하기. 결국 질문 자체

　질문을 통해 존재의 변화(성장)를 추구하려면, 질문에 대한 답을 통해 의미를 확장하는 것보다는 질문을 더 많이 만들어 내고, 질문 자체를 더 정교하고 높은 수준으로 발전시키는 데 집중해야 한다. 질문하기의 본질적인 의미는 답을 통한 의미 확장을 넘어서, 질문을 통해 자신과 타자(세계)로의 열림을 추구하는 데 있기 때문이다.

질문하기. 살아 숨 쉰다.

 질문하기는 광활한 초원에서 바람에 실려 오는 새벽의 기운처럼, 탐구의 원천에서 스스로 솟아오른다. 그것은 답을 찾기 위한 길이 아니라, 질문 그 자체를 찾아 헤메는 여정이다. 끝없이 펼쳐진 초원, 길이 없다. 그러나 길을 만들어 그 길을 걸어가는 유목민처럼, 질문은 자기를 찾아 그 존재를 드러낸다. 그 드러남들은 단순한 반복이 아니다. 매 순간 새롭다. 질문은 초원의 풀잎이 바람에 흔들리듯, 가능성과 의미를 향해 끝없이 흔들리며 피어난다. 그 어떤 고정된 형태도 없다. 계속해서 변하고 흐르며 이루어지는 여정 속에 있다. 이미 이루어진 것이 아니라, 계속되어 가는 순간 속에서 살아 숨 쉰다.

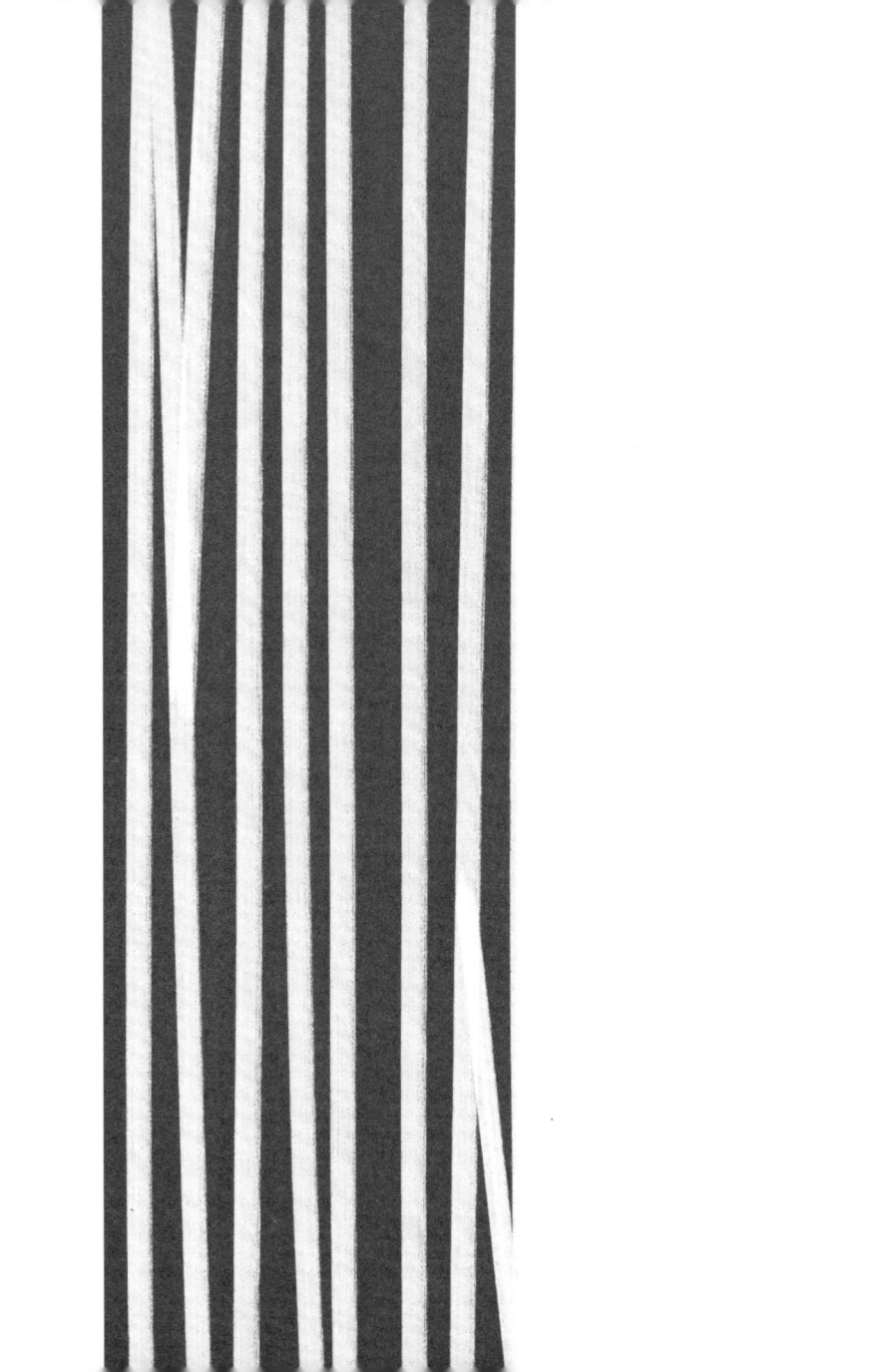

4장

질문의
형식

막연함. 어색함. 당황. 불일치.
언어화.
몰입. 욕망. 메타인지.
질문과 답의 순환.
맥락... 그리고 나.

MILLION

질문하기. 시작 그리고 드러남

질문의 시작은 '나' 그리고 '있음'

질문은
익숙한 삶을 멈추고 바라보는 응시와 호기심의 순간.
막연하고 당황하는 순간이기도 하며,
말로 표현할 수는 없지만 웬지 꺼림직한 순간일 수도 있다.

이 순간들은
'나'와 '세상'에 대한 욕망을 몰입으로 이끌고,
상황을 읽어 낼 수 있게 한다.

그러한 순간들이 '언어'로 구조화되어
전체의 연결된 모습으로 드러나 형태를 갖춘 질문이 된다.

질문하기. 호기심

살아있는 유기체는 무엇인가를 궁금해한다. 무엇인가를 궁금해 하는 것. 호기심이다. 호기심이란 새롭고 신기한 것을 좋아하거나 모르는 것을 알고 싶어 하는 마음을 말한다.

유기체에게 호기심은 생명을 유지할 수 있는 수단이다. 호기심을 가질수록 획득하는 정보량이 많아지고 그만큼 자신이 놓인 상황을 더 잘 이해할 수 있게 되기 때문이다.

인간과 동물의 호기심은 성격이 다르다. 동물은 주어진 상황에서 목숨을 유지하기 위해 호기심을 갖는다. 인간도 동물들과 마찬가지로 생존을 위한 호기심을 가지고 있지만, 인간의 호기심은 단순한 생존을 넘어선다. 그 호기심은 본능 충족과는 관계없이 모르는 것을 알고자 하는 지적 호기심이다.

호기심은 인간에게 '새로운 환경과 경험에 대한 탐험 욕구'를 불러일으킨다. 호기심은 의식, 감정, 몸 등 인간의 총체적 상황에서 시작한다. 호기심은 언제나 우리를 깨어있게 한다. 호기심은 우리를 살아있게 한다.[22]

여기에서 중요한 것은 호기심이 마음이나 태도, 성향

일 뿐, 그것이 곧 행동은 아니라는 것이다.

호기심이 주체 안에서 행동으로 구체화 되는 것이 '질문하기'다. 호기심은 질문하기의 전제이자 시작이다. 그리고 호기심을 언어로 구체화하여 사유의 체계로 끌어올린 것이 바로 '질문하기'다. 구체화는 막연함의 상대어다. 자기 내부에서 자기 존재와 구체화 된 호기심과의 만남. 그것이 질문하기다.

호기심은 질문을 하게 한다. 하지만 호기심이 질문이 되지 못하면, 두려움이 되어버린다. 때로는 질투가 되어버리기도 한다.

질문하기. 출현 그리고 비약

'질문하기' 전과 후의 존재 방식은
정도의 차이가 아니고 질적인 차이다.

질문하기의 출현은, 질문하기의 진행은
한 방식에서 다른 방식으로 넘어가는 점진적 과정이다.

질문하기는
순서에 따라 단계적으로 떠오르지 않는다.

오직 비약이다.
갑자기 떠오른다.

질문을 하면 답이 오지 않고,
그 질문이 나에게 그대로 다시 오기도 한다.
어떨 땐 질문과 답이 섞여 다가오기도 한다.
그러다가 갑자기 또 질문이 떠 오른다.

질문은 체계적이고, 합리적이고, 순차적으로 다가오지 않는다.
질문은 순간 자기의 존재를 드러낸다.

무의식에 묻혀 두었던 질문에 대한 답으로 오기도 하고...
그 질문에 또 다른 질문의 모습으로 오기도 한다.

질문의 등장은
비약이다.
심연의 깊은 곳에 감추어있던 것들이
돌발적으로 드러난다.

질문은 순간적으로 나타났다가 또 순간적으로 소멸한다.
질문이 자기의 사유 속으로 숨어들어가지 않기 위해선
열정이 필요하다.
질문에 대한 열정이,
삶에 대한 열정이,

질문하기는 우리가 숨을 쉬는 한, 우리가 살아있는 한...
계속 되는 삶의 과정이다.

질문하기. 나

  모든 질문에는 '나'가 있다. 막연함, 호기심, 궁금.
  이러한 것들은 '나'에서 비롯된다. 여기에서 '나'는 '의식'은 물론이고, '무의식'도, '감정'도 '몸'도 있다. 지금까지 경험했던, 알았던 것들도 있다.

질문하기. 향하다

 질문은 무지에서는 생겨나지 않는다. 아무것도 없음에서 질문은 없다.
 질문하기는 기존의 자기 앎이나 예측에 비추어 다름과 불일치가 있어야 한다. 그리고 질문하기는 상황(맥락)속에 드러난다. 상황 속에 놓인 자신을 들여다 볼 수 있어야 하며, 그 상황을 의식의 상태로 끌어 올릴 수 있어야 한다. 그러한 것들을 언어를 통해 명료화하고, 초점화할 수 있어야 한다.
 그러나 그것이 전부는 아니다. 그 상황에 대한 절실함(열정)이 있어야 한다. 막연함, 불일치, 애매함... 등에 충실성이 더해지면 질문이 된다. 충실성의 기반은 절실함(열정)이다. 앎에 대한 열정. 상황에 대한 열정, 대상에 대한 열정, 알고자 하는 자기 자신에 대한 열정이 있어야 한다. 그 상황에 대한 막연함, 불일치, 애매함 등에 의한 고통과 갈등의 괴로움이 절실함이 되고 그것이 질문을 만들어 낸다. 그래서 질문하기는 아무 때나 만들어 질 수 있는 것이 아니다. 누군가에 의해 억지로 가르쳐 질 수 없다. 따로 기술도 없다. 오직 열정이다.
 다시 한 번 더...

질문하기. 지적과정이다

   질문하기는 불확정적 상황을 전제로 하여, 반성적 사고와 문제해결 과정으로 이어짐으로써 사고의 질적 전환을 가능하게 하는 지적 과정이다. 질문하기는 메타인지와 몰입을 통해 지적 긴장을 일으켜 사고의 재구조화를 일으키는 중요한 의미를 가진다.

질문하기. 전제, 몰입

　질문하기는 몰입을 이끈다. 몰입이 질문하기를 만들어 낸다. 질문하기는 상황, 사건, 대상에 대해 몰입할 때 만들어진다. 즉, 의도적이고 집중적인 노력을 통해 생성된다. 상황에, 대상에, 앎에, 그리고 궁금해 하는 자기 자신에게 빠져 헤어나오지 못하는 순간, 몰입의 순간이다. 이 때 질문은 저절로 드러난다.

　정서적, 지적 긴장은 몰입을 하게 한다. 혼란과 불확정적 상황 속에 빠져 헤어나오지 못했을 때, 질문은 드러난다. 새벽녘 잠을 자다가, 길을 걷다가... 그 무엇인가에 완전히 빠져 있을 때, 질문이 나타난다. 상황, 사건, 대상.. 그리고 자기 자신에 대한 미묘한 떨림이 커다란 진동이 될 때 나타난다. 지적 긴장과 사고의 재구조화, 그리고 정서적 흥분은 서로 서로를 자극하여 몰입하게 한다. 이 때 질문들은 명료해지고, 질문이 또 다른 질문을 만들고, 질문과 질문들이 관계를 맺는다.

　몰입한 순간. 질문을 그대로 곱씹기도 한다. 질문과 답이 섞여 다가오기도 한다. 그러다가 갑자기 또 질문이 떠오른다. 질문은 합리적 추론에 의해 순차적으로 떠오르기보다는 비약적으로 출현한다.

답으로, 혹은 다음 질문으로... 그 비약은 끊임없이 되풀이 된다. 아무데도 없었던 전혀 다른 것이 돌발적으로 나타난다. 질문은 순간적으로 나타났다가 또 순간적으로 소멸한다. 그러므로 이러한 질문이 자기의 사유 속에 몰입하여 계속 질문을 만들어내려면 우리는 그만큼 매 순간 더 정열적인 노력을 감행하지 않으면 안된다. 질문하기는 우리가 숨을 쉬는 한, 우리가 살아있는 한... 계속되는 삶의 과정이다.

질문하기. 전제, 메타인지

 질문하기는 자신의 사유에 대한 사유를 하는 메타인지를 필요로 한다. 메타인지는 자신의 사유를 들여다 보는 과정이다. 자신이 무엇을 모르는지, 무엇을 알고 싶은지를 명료화하는 것이다. 호기심과 막연, 그리고 불일치의 과정을 '언어'로 들여다 보는 과정이다.

 질문자는 자신과 타자 간의 관계를 단순히 수동적으로 받아들이는 것이 아니라, 자기 자신과 타자 사이의 상호작용, 그리고 자기 앎의 상태를 인지하고 있어야 한다. 타자에 대한 무조건적 수용이 아니라 타자에게서 받아들일 수 없는 자신의 상태를 인지하고 있어야 한다. 또한 이러한 상황을 들여다 볼 수 있을 때 질문이 가능하다. 내가 어떤 맥락에서 그랬는지, 혹은 내 과거의 앎과 삶의 어떤 부분이 이러한 문제를 야기했는 지를 볼 수 있어야 한다. 메타인지는 이렇게 자기 자신에 대해 질문함으로써 타자와의 관계에서 발생하는 반응을 인식하는 과정이다. 메타인지는 질문을 실천적 지식으로 내면화하여 지속적으로 새로운 질문을 만들어 낸다.

질문하기. 전제, 있음

 질문한다는 것. 그 자체가 질문의 대상이 존재(있음)한다는 것을 의미한다 질문하기는 '있는' 것에 대한 '질문'이다. 그 '있음'은 '존재'다. 그래서 무엇이든지 있기만 하면 질문의 대상이 될 수 있다. 없는 것에 대해 질문할 수 있을까? 알지 못함에 대해 질문할 수 없듯이, 존재하지 않는 것은 질문할 수 없다.[23] 우리가 질문을 하는 순간 우리는 그 대상을 '있음'으로 받아들인다. 그 '있음'은 사유 속의 실존이다.
 질문할 수 있다는 것. 보이는 것 뿐만 아니라 보이지 않는 것의 있음.
 인류는 보이는 것의 '있음' 뿐만 아니라 보이지 않는 것의 '있음'도 알 수 있다. 실재하지 않으나 사유 속에 '있음'도 알 수 있다. 이러한 '있음'들이 질문의 대상이다. 질문의 대상이 존재한다는 것이다.
 질문하기는 '있는' 것에 대한 '질문'이다. 그래서 무엇이든지 있기만 하면 질문의 대상이 된다. 알지 못함에 대해 질문할 수 없듯이, 존재하지 않는 것은 질문할 수 없다.
 질문하기에는 '있음'이 존재한다. 모든 질문하기에는

'있음'이 필연적으로 전제될 수 밖에 없다. 완벽한 무로부터는 어느 것도 '질문'할 수 없다. 그러므로 '있음'은 질문하기의 절대적인 조건이다. 질문하기는 대상의 '있음'이 있어야 한다.

'나'의 '있음'과 '그'가 '있음'을 아는 것! 타자의 존재를 인정하는 것. 그리고 나 안에 또 다른 '나'가 있다는 것을 아는 것. '나' 안에 '타자'가 있다는 것을 아는 것. 그것들의 관계맺음. 그것이 질문하기다.

질문하기. 전제, 있음 그리고 앎

질문하기의 시작은 '앎'이다.
무지는 질문을 할 수 없다.

 질문이 생기는 것은 '있음'을 알아챘을 때이다. '있음'에 대한 마음의 기울어짐이다. 누군가를 만났을 때 질문이 없다는 것은 마음이 기울어져 있지 않기 때문이다. 마음이 있으면 자연적으로 질문이 나온다.
 그렇다고 모든 마음의 기울임이 질문인 것은 아니다. 단순한 마음의 기울임은 아직 질문자의 주체가 드러나지 않는 상태이다. 마음이 기울어졌을 때, 그것에 대해 들여다 본다. 여기에 몰입의 충실성이 더해지면, 자신의 무지가 보인다.
 질문하기는 '있음'에서 수행된다. '있음'은 자기가 지금까지 지켜온 온갖 종류의 경계를 넘는다. '없음'으로 만든다. 그러나 그것은 완전한 '없음'이 아니다. '있음'에 대한 반동으로서의 '없음'이다. 즉, '있음'을 전제한 '없음'이다. 무한히 모든 것에 대해 넘어선 경계는 질문을 던지는 순간 경계를 만든다. 또 하나의 '있음'이 된다.

'있음' 그것도 앎의 '있음'이 있어야 한다. 모르는 것을 모를 때는 질문하기를 할 수 없다. 무엇을 모르는지 알 때 질문하기가 가능하다. '모름'에 대한 '앎', 그 앎은 완전한 '무지'가 아니다. '무지'이나 '앎'을 수반해야 모른다는 것을 알 수 있다. 질문 안에 자기 '앎'이 함께 하고 있어야 한다. 아무것도 모를 경우 절대 질문을 할 수 없다.

  그 앎은 반드시 명시적일 필요는 없다. 의식의 아래 부분을 차지하고 있는 암묵적 앎이어도 좋다. 막연한 뭐도 좋다. 어떤 앎이든 있어야 한다. '없음'에서 무가 나오지 못하듯이, 완전한 무에서는 깨뜨릴 것이 없다.

질문하기. 틈 만들기

질문하기는 모름과 앎의 경계에 틈을 만드는 것이다.
질문하기는 모름이라는 세계의 경계를 허무는 것이며,
앎의 세계에 균열이 생기게 하는 것이다.

앎의 세계에 균열을 일으켜 경계를 넓히고,
모름의 경계를 허물어 영토를 넓힌다.

영역의 확장은
조용히, 그러나 격정적이다.
요동친다.

호기심이 삐집고 들어온다.
익숙한 것과의 결별로 인한 불안을 안고...
새로운 앎의 지평으로
영토 확장으로 인한 흥분과 꿈틀거리는 욕망을 드러낸 채...

질문하기. 언어로

> 언어를 통해 질문한다.
> 언어를 질문한다.
> 언어 너머의 무엇을 질문한다.
> 언어를 벗어나 질문한다.

 질문하기는 언어의 옷을 입고 우리에게 그 모습을 드러낸다. 언어는 세계를 반영하고 사실들을 담아내는 기능을 한다. 언어와 세계가 서로 연관되어 있는 것은 언어와 세계가 서로 대응하는 구조를 가지고 있기 때문이다.[24] 우리는 세계를 언어를 통하여 이해한다. 그 언어는 '질문하기'를 통해 세계와 대응한다.

 언어는 세계 안에서 고정된 것이고, 우리의 사유는 이러한 언어에 의해 한정되어 있다.[25] 우리는 태어나면서 주변 사람들에 의해 언어를 강제로 익혀야 했다. 그 언어를 습득하는 과정에서 언어가 만들어져 온 인류의 시작점부터 형성된 인류의 사고가 나에게 주입되었다. 언어가 나의 사고를 형성하고, 나를 지배하고 있다.

 그 언어에 도전장을 내미는 것이 질문하기다. 언어를 통해 '나'를 더 굳건히 세우고자 하는 것이 질문하기다.

질문하기. 순환적, 그러나 나아감

> 질문에 의지하여 인간은 미지의 세계를 탐험한다.
> 그 질문의 답을 통해 세계를 확장해 간다.
> 확장된 세계는 다시 질문함으로써 '나'안으로 포섭된다.
> 질문과 답은 홀로 있지 않는다.
> 그들은 물고 물린다.
> 질문이 먼저 있었는가 싶으면, 답이 있었고,
> 질문에 답을 했는가 하면 그 답은 또 질문을 만들어 낸다.
> 답은 그 질문을 깊게 한다.
> 질문과 답이 서로 계속하여 순환하며, 나아간다.
> 이것이 질문과 답의 구조이다.

앎을 얻는 과정은 단순히 답을 얻는 데만 있는 것이 아니니다. 질문하기는 그 자체로 내용을 확장하고, 추론과 분석의 기초를 제공하며, 새로운 상황에 적용할 지식을 넓혀 '앎'을 획득하게 한다. 앎을 얻는 과정은 답을 찾는 과정이자, 동시에 끊임없이 질문을 이어가는 과정이다.

질문의 과정을 보면, 우선, 자기 주변을 자기화한다. 그리고 주변을 다시 탈자기화한 후, 다시 자기화한다. 그런 다음 다시 탈자기화하고, 또 자기화하며... 이와 같은 반복적인 과정이 질문과 답의 순환이다.

  인간은 질문과 답, 그리고 다시 질문과 답의 순환을 통해 앎을 체득한다. 이 순환은 단순히 한 자리에 머무는 것이 아니라, 자전거가 나아가듯 순환하면서 계속 나아간다.

질문하기. 전제, 맥락

질문하기는 '맥락'을 전제한다.
아니, 질문하기는 맥락 속에서 나온다.
아니, 질문하기는 구체적 맥락 속에 있다.

질문에는 상황이 포함되어 있다. 질문하기는 질문하는 사람의 맥락 속에서 만들어진다. 그래서 질문을 이해하기 위해서는 그 맥락을 함께 고려해야 한다.

질문은
나에서 우리로, 우리에서 나로,
나에서 세계로, 세계에서 나로, 세계에서 우리로,
그리고 우리에서 세계로.
그리고 세계를 너머.

그렇게 그렇게 무한한 관계를 맺으며 질문하기는 만들어진다. 질문은 개인이면서 세계(공동체)를 구성하고, 역으로 세계(공동체)에 의해 개인에게 형성되는 중층적 관계 안에서 제시된다. '나'라는 존재는 다양한 사회적 관계 안에서 끊임없이 상호영향을 주고 받으며 살아간다. '나'에 관한 실존의 문제는 '우리'에게 요구되는 질문이 매개하는 세계와 관계 안에서 함께 고려된다. 그 맥락을 어떻게 이해하느냐에 따라 질문이 달라질 수 밖에 없다. 그래서 우리는 실존의 문제와 직간접으로 연결되어 있는 삶 그리고 세계의 의미를 묻지 않을 수 없다.

  이렇게 이렇게 하나하나 따지면, 결국 하나의 질문에 제대로 답하기 위해서는 질문과 질문을 거슬러 올라가야 한다. 이를 위해 복합적으로 연관된 삶 그리고 세계의 의미를 읽어낼 수 있는 총체적인 사유가 요청된다. 끊임없이 질문과 질문, 질문과 타자, 질문과 사회를 관련시키기를 요구하는 질문은 기존에 굳어져 버린 사고, 제한된 삶의 반경을 놓고 한 방향만을 바라보았던 고정된 시선을 흔든다.

질문하기. 전제, 맥락

　질문 속에는 질문을 하는 사람의 '앎'과 '삶(경험)'이 누적되어 있다. 질문 속에 지금까지 살아온 자신의 지식, 언어, 가치, 문화, 행동 방식이 내재되어 있다. 그리고 질문은 그 안에 누적되고 내재된 것들과의 긴장관계를 드러내는 것이다.

　질문에는 삶이 있다. 질문을 던지는 것은 삶의 한 형태이다. 그것도 중요한. 따라서 질문은 추상적이거나 이론적인 원리에서 도출할 수 없으며, 오직 그 안에 담긴 삶의 전반적인 맥락에서만 이해될 수 있다. 그 과정에서 획득한 앎 역시, 사회적 맥락 속에 존재한다.
　질문은 삶의 필수적인 표현 방식이며, 그 자체가 또 다른 질문을 만들어낸다. 삶에서 등장한 질문은 또 삶으로 이어진다. 질문 속에 담긴 삶의 이야기를 읽을 수 있어야 한다.

질문하기. 전제, 절실함

 질문하기는 질문하는 자의 열정에 의해서 비로소 만들어진다. 누군가에 의해서 추동될 수 있는 것이 아니다. 미지의 것에 대한 능동적이고, 열정적인 노력은 질문하기를 통해 지금의 나를 벗어나 자기 스스로를 변화시키고 나아가게 한다.
 질문하기는 의식적으로든 무의식적으로든 자기 삶에 대한 절실함이 있을 때 가능하다. 질문하기는 주체적이고 능동적인 활동으로, 자기 삶에 대해 능동적인 참여가 있을 때 가능하다. 질문하기는 누군가에 의해서 억지로 주입될 수 없다. 왜냐하면 질문하기는 정형화된 형식적 절차에 의해서 만들어지는 것이 아니기 때문이다.
 질문하기는 직관이나 통찰의 경우와 유사한 측면이 있어 자신의 분석과 종합 등을 통한 논리적 추론의 결과로 설명할 수 없다. 질문하기는 논리보다는 갑자기 떠오름, 직관, 통찰 등과 더 잘 어울린다. 그러한 성격 때문에 질문을 창출해 내기 위한 의도적인 노력은 한계를 지닐 수밖에 없다. 갑자기 떠오름, 직관, 통찰 등은 앎에 대한 절실함. 삶에 대한 절실함. 나와 타자에 대한 절심함만이 가능하게 한다. 절실함은 욕망이다. 나와 세상을 향한.

5장

why/what/who

우리는 왜 물을까?
그 물음이 나에게 문제를 일으키기 때문이다.
물음이 나를 일으키기 때문이다.

질문하기. 왜?

우리는 왜 물을까?
그 물음이 나에게 문제를 일으키기 때문이다.
물음이 나를 일으키기 때문이다.

스스로 묻는 사람은 스스로 답을 찾아간다.
스스로 묻는 사람에게 물음과 답은 자기 것이다.

묻지 않는 사람은 대답도 얻을 수 없다.
묻지 않고 얻은 대답은 가짜다.
그것은 자기 것이 아니기 때문이다.

물음이 답이... 자기 것이기 위해서는 스스로 물어야 한다.
물음이 나를 부르는 소리를
깨어서 기다려야 한다.

모든 물음은 '나'로 돌아온다.
모든 물음은 '나'가 되어 온다.
모든 물음은 '나'에게로 온다.

질문하기. 본능, 인간의~

　질문하기는 인간의 본능이다. 본능이 생존하기 위해 필요하듯이 인간에게 '질문하기'는 생존이다. 그렇다면 그 본능의 이유, 즉 질문하기의 이유는 무엇인가? 우리에게는 '학습본능'이 있다. 모든 생명체에는 '학습본능'이 있다. 고양이도 어미나 다른 동물을 모방하면서 사냥 기술을 습득한다. 심지어 강아지와 고양이를 같이 키우면 강아지가 고양이의 배변 습관을 모방하기도 한다. 학습된 것이다. 늑대들은 무리 속에서 서열을 학습하며 무리의 규칙을 배운다.

　이 세상에는 수많은 생명체가 존재하지만, 인간만이 다른 종들과 다르게 생존하고 있다. 인간의 생존 능력은 다른 생명체와 비교하면 형편없다. 그럼에도 불구하고 인류가 오늘날 이만큼의 업적을 이루어낸 이유는 무엇일까?

　그 이유는 다른 생명체와 구별되는 인간의 정신적 특징 때문이다. 인간의 정신은 다른 생명체에 비해 '질문'을 던지는 본성을 가지고 있다. 앞서 언급했듯, 이 본성은 '호기심'으로 발현된다.

　다른 동물들도 호기심을 가지고 있다. 하지만 그 호기

심은 단순한 호기심일 뿐, 질문이 아니다. 호기심이 질문이 되지 못하는 것이다.

질문은 인간의 핵심적인 본질이다. 오직 인간만이 질문의 필연성에 직면해 있다. 인류의 역사는 질문하기로 이끌어졌으며, 질문 속에서 인류의 문명은 발전해왔다. 지금까지 인류는 수없이 많은 질문을 던져왔다. 모든 지식은 물론, 우리 자신의 삶을 형성해 나가는 모든 것들과 그들의 근거와 의미에 대해 질문을 던져왔다. 인간은 질문하기를 통해 세상을 수동적으로 받아들이지 않고, 앎을 확장하며 발전할 수 있었다. 만약 질문하기를 멈춘다면 앎을 확장할 수 없었을 것이다.

질문하기. 무엇?

질문하기는
'나'의 있음과 '그'가 있음을 아는 것!
그것이 질문하기이다.
내 의식 안에

'어?!'가 질문하기의 시작이다.

내 안에 '나'가 있음을 아는 것.
타자가 있음을 아는 것.

그리고 그러한 것들과의 관계 맺음.
질문하기의 시작이다.

타자의 존재를 인정하는 것.
내가 돌보고 가꾸어야 할 '나'가 있다는 것을 아는 것.
그것이 질문하기의 시작이다.

우리는 무엇에 대해 질문할까? 질문의 대상은 무엇일까?

질문하기는 타자와의 관계맺기이다. 질문하기는 자기 자신과 관계할 뿐만 아니라, 동시에 타자와 관계한다. 우리의 질문은 타자에 대한 질문과 질문하는 자신에 대한 질문으로 대변된다.[26]

질문하기는 '나'와 내 안의 '나' 그리고 타자와 '나' 사이의 불일치 혹은 간극의 경험으로부터 생성된다. 질문하기는 답하기의 순환 과정 속에서 그 차이를 들여다 봄으로 인해 '나'에 대한 이해와 타자에 대한 이해가 이루어질 수 있다.

타자에 영향을 받지 않는 온전한 '나'는 없다. '나' 주변의 타자를 하나 둘 지워도 결국 타자에 의해 만들어진 '나'를 발견하게 된다. 타자를 대상으로 질문을 던지고 답을 생각하는 과정에서 이루어지는 의미는 결국 '나'에게 던지는 질문으로 온다. 그래서 질문하기는 본질적으로 '나' 존재의 구조적 변화를 의미한다.

타자는 내가 나 되지 않는 것.
나를 나되게 할 수 없는 모든 것들이다.
그래서 무의식도 타자이다.
타자는 내 안에도 있다.

'나'는 타자에 의해 만들어진 존재다. 우리는 타자와 관계를 맺지 않고 살 수는 없다. 여기에서 관계라고 말하긴 하지만 그 관계는 '나'의 한계를 결정짓는 것이기도 하다. 질문하기는 그 한계를 알고, 그 한계에 복종하는 것이다. 한계를 받아들이는 사람이 한계를 넘어설 수 있다. 물론 넘어선 한계 뒤엔 또 다른 한계가 존재하겠지만, 확실한 것은 한계의 여지가 넓혀졌다는 것이다. 질문하기는 한계를 받아들이고 한계를 넘어서는 것이다. 타자와 나의 한계, 경계를...

타자를 대할 때, 특히 일상에서 타자를 대할 때 우리는 무의식적으로 받아들인다. 깊이 생각할 필요가 없이 그냥 받아들인다. 그간 타자가 나에게 강제적으로 받아들여져 왔다. 누군가가 정해 놓은 타자가 밀고 들어왔다. 타자와 관계를 맺을 때, 타자가 '나'에게 미치는 '한계'를 알지도 못했다. 한계를 알지 못하기에 한계에 복종하지도 못했다. 타자에게 완전히 길들여져 있는 상황이다.

타자에게 길들여 질 땐 한계도 모른다. 여기에는 '질문'이 없다. 타자에게 완전히 굴복당한 상태이기 때문이다. 무의식 단계에서까지 철저히 예속된 상태다. 질문하기는 지배당한 무의식을 살리는 일이다. 어찌할 수 없지만 그래도 질문하기만이 타자에 의해 점령당한 나를 어느 정도나마 구원할 수 있는 방도다.

질문을 해결하고 다시 새로운 질문에 부딪히는 과정 속에서 타자는 새로운, 그러나 결코 최종적이지 않은 새로운 타자의 위치를 부여받는다.

질문하기. 난 관계를 맺습니다. 그와

난 그를 궁금해 합니다.
나의 궁금증으로
난 그와 관계를 맺습니다.
그리고 난 그의 이름을 부릅니다.
그리고 그는 나에게 한 존재로 다가옵니다.

난 그에게
그는 나에게
내 질문 하나로 우리는 관계를 맺습니다.

질문하기. 관계 맺기다, 자신과

질문하기는 자기 자신과의 만남, 자기 자신과의 관계맺기이다. 인간이 다른 존재와 구별되는 점 중 하나는 '인간은 자기 자신과 관계를 맺는 다는 것'이다. 자기 자신과의 관계맺기는 질문하기를 통해서 이루어진다. 질문하기는 '나'의 과거와 현재 속에 내재되었던 것, 그리고 다가 올 것들과의 관계맺는 방법 중 하나다.

관계맺기는 나와 나, 나와 타자, 그리고 과거, 현재, 미래와의 연결을 통해 창발하여 새롭게 등장한다. 질문하기를 통해 관계를 맺은 후 나는 새로운 나가 된다. 그 결과 질문하기는 자기 자신을 부단히 초월하는 과정이 된다. 질문하기는 우리가 성취해야 할 바의 가능성이기도 하다.

질문하기. 관계 맺기다, 타자와

우리는 자기 외의 타자에 대해 질문해야 한다. 질문하기는 '타자'와 관계를 맺는 것이다. 타자와 관계를 맺는다는 것은, 타자를 내가 알고 있는 영역 안에서 온전히 받아들이는 것을 의미한다.

질문하기 전에 타자는 '나'와 관계없는 것이었다. 그러나 질문을 하는 순간 타자에는 '나'가 존재하게 된다.

타자는 철저히 알 수 없는 대상이다. 개념이나 규정으로 환원될 수 없으며, 철저히 타자라는 존재 자체로 이해해야 한다. 규정할 수 없는 존재이기 때문이다. 답을 내릴 수 없는 존재다. 다만 질문할 수 있을 뿐이다. 타자에게 질문하는 것은 타자에게 응답하는 것이다. 이 입장에서 타자는 초월적 위치에 놓이게 된다.

타자...
질문하기의 대상이다.

'나'안의 타자...
질문하기의 대상이다.

질문하기. 너 안의 너

 소크라테스는 '너 자신을 알라'라는 언명으로 자신의 사유를 표현했다. 너에게 너를 알라고 한다. 알아야 하는 대상인 '너'가 있음이다. '너'에게는 알아야 하는 '너'가 있다는 의미다. 이것은 '나'의 경우도 마찬가지다. '나'에게는 알아야 하는 '나'가 있다. '나'와 알아야 하는 '나', '나'와 '나'는 하나가 아니라는 말이다.

 '나'를 들여다보는 것. 그것이 질문하기다. 깨어서, 의식하면서 '나'를 들여다 보는 것이다. '너 자신을 알라'에는 알지 못함이 전제되어 있다. '너'는 '너'를 알 수 없음이다. 그래서 알라고 언명한다. 알 수 없음. 그러나 알아야 하는. 알 수 없음에 대한 답은 없다. 다만, 계속 알기 위한 시도만 있을 뿐이다. 그것이 질문하기다.

질문하기. 나, 플러그-아웃

'나를 제외한 세상의 모든 것'이
끊임없이 나에게 말 걸어온다.
그들과 마주한다.
나의 생각으로... 이미 존재하는 나의 생각으로...
그들이 향한다.

내 안에는 가족이, 친구가, 국가가.
내 안에는 나가, 내 가족이, 내 민족, 국가가.
시간의 겹으로
층층히 나를 만든다.

난 그들에게 벗어날 수 없다.
생명을 가지는 한
생명이 다하여도
난 그들 속에 있을 것이다.

난 내 속에 있는 그들을...
				검증해야 한다.
			내가 그들을 내 속에 가두지 않았는 지를.

		그러기 위해서는 잠시 플러그-아웃을 해야 한다.

 나의 생각, 내가 판단하는 모든 것. 그것은 이미 존재한다. 나의 판단은 나의 것이 아니다. 층층히 쌓인 나의 과거다. 난 나에게 질문한다. 나를 이룬 생각들에게 질문한다.

				"그게 맞아?"

 나의 판단에 멈춤을 명령했을 때 질문이 다가온다. 내 의식의 지평 안에서 질문하지만, 이 질문을 통해서만 그 지평을 넘어설 수 있다.

6장

질문의 가치

묻는다는 것은
찾는다는 것.
가장 소중한 것을 찾아 떠나는 것이다.
동굴 속에서 태양을 향해 동굴을 빠져나가는 것이다.
잃어버린 반쪽의 자신을 찾는 것이다.

묻는 것은 물을 수 있는
가치있는 것을 찾고자 하는 열망이다.

질문하기. 물음으로부터의 도피...

물음에서 도망가는 것.
물음에서 해방되는 것.
나를 버리는 것.
모든 것을 받아들이는 것.
나를 포기하는 것.

난 결코 물음에서 도망치지 않는다.
물음으로 뛰어든다.

물으면 찾는다.
물어야 찾는다.
찾으면 내 것이다.
내가 된 것이다.

질문하기. 이미 길 위에 있음을.

묻다가 길을 잃는다.
그런데 알게 되었다.
난 이미 길 위에 있음을.

묻다가 헤메인다.
무엇을 물었는 지도 잃어버렸다.

지금까지 온 길들을 다시 복귀한다.
길 위에 있는 자는 오직 한 길만 있다.
자기가 가고 있는 그 길.

길위에 있지 않는 자는 길이 여러 갈래다.
가지 않는 길.. 그 길은 의미없다.

길 위에서 헤매는 자.
어디를 가고 있는지 다시 보라.

무엇을 묻고 있는 지 다시 생각하라.
그래도 안심하라.
이미 길 위에 있음을.

질문은 앎으로의 길에 들어서는 것이다. 질문에 질문을 더하면 앎의 경계가 해체되면서 새로운 경계가 생긴다. 질문은 앎에 방향성을 제시한다. 길은 가지 않는 사람에게는 여러 갈래다. 그러나 길을 걷는 사람에게 길은 그가 서있는 그곳이다. 길에 방향을 잡고 걸어가야 한다. 그러다 보면 길을 찾게 된다.

질문하기. 변화의 추동

아르키메데스(Archimedes, BC 287년 경 ~ BC 212년). 벌거벗은 몸으로 '유레카'를 외치며 목욕탕에서 뛰쳐나갔던 그 사람은 지구를 들 수 있다고 말했다. 단, '긴 길이의 막대기와 저 허공에 한 점만 고정시켜 준다면'... '허공의 한 점' 그 점을 지렛점이라고 한다. 이 지렛점을 '아르키메데스 포인트(Archimedes point)' 라고 한다. 시작은 '질문하기'다. 무엇이든지 할 수 있는 점이다.

질문하기는 지렛점이다. 세상을 들어올릴.
자! 우리 모두 지구를 들어올리자.

질문하기. 새로운 세상을 이끌어 줌

나에게 질문을 던져야 한다. 동시에 우리에 대해서도 질문을 던져야 한다. 세상은 나와 타자로 되어 있다. 내가 관련된 세상은 이제 '우리'다.

내 자신에게 질문한다는 것은 내가 주체가 되어 깨어 있다는 것을 의미하듯이 타자에게 질문을 한다는 것은 타자를 마음에 둔다는 것이다. 그것은 타자가 우리가 되는 순간이다.

우리가 살아가야 할 사회, 그리고 내가 어떻게 살아야 할 것인지에 대해서도 질문을 던져야 한다. 나와 우리가, 그리고 우리와 사회가 어떻게 연결되었는지 서로 질문을 던져야 한다. 이것이야 말로 우리 사회를 선한 길로 이끌 수 있는 전제조건이다.

질문하기. 주체적인 삶을 살게 한다

세상은, 학교는, 반복된 시험은
주어진 질문에 익숙하게 할 뿐
질문의 힘을 빼앗아 간다.

버텨야 한다.
뺏기지 않도록.
질문해야 한다.

나의 질문을.
지켜야 한다.
나를.

질문하기는 나에게 소외되었던 또 다른 세계를 내 안으로 가져온다. 누군가의 생각이나 사상에서 벗어나, 생각을 스스로 지배하는 주인이 되어 내 안으로 포섭한다는 것이다. 내가 주체가 되는 것이다.[27]

'나는 누구인가?', '나는 무엇을 원하는가?', '나는 어떤 사람이 되고 싶은가?', '나에게 무엇이 가장 중요한가?', '나는 지금 원하는 삶을 살고 있는가?' 하는 자신에게 던지는 질문들로 인해, 자기 인생을 다른 사람에게 동의를 구하는 삶이 아닌, 주체가 되어 결정하는 삶을 살게 된다.

질문하기, 자신의 세계를 되찾는다

> 모든 존재를 그 자체로 보는 것. 그것은 스스로를 특정한 해석의 주체로 내세우는 행위다. 누군가가 해석해 놓은 것을 이해해야 하는 것이 아니다. 특정한 관점이 아닌 자신이 해석의 주체가 되는 것이다.

무언가를 '해석'하는 힘은 대상을 내 안에서 창조하는 것이다. 해석하기 위해서는 그 대상을 낯설게 보는 질문하기로 대해야 된다. 니체는 스스로를 해석 주체로 세워 가는 인간을 초인(위베멘시)이라고 하였다. '초인'은 해석의 '주체'다. 그는 인간정신의 발전 단계를 낙타-사자-어린아이의 3단계로 구분하고 있다. 인간정신의 발달단계는 질문하기의 수준에 따라서도 달라진다.

먼저, 낙타하면 뭐가 생각나는가? 뜨거운 태양 아래 지글지글한 사막에서 무거운 짐을 지고 터벅터벅 걷는 낙타의 모습이 생각난다. 실제 낙타는 외로운 사막에서 무거운 짐을 짊어진 채 명령에 복종하며 어떤 어려움도 참고 버텨내는 정신을 상징한다. 낙타는 주인에게 '아니오'라고 말하지 않는다. 세상이 뭐라고 하면 무조건 따른다. 세상의 모든 것들을 받아들이며, 자기 스스로가 '삶은 고된 것이다'라고 생각한다. 심지어 고된 줄도 모르기도 한다. 이 경우는 '자유'가 무엇인지도 모르는 단계다. 자기 자신이 무언가에 길들여져 있다는 것도 모르는 단계다. 어떠한가? 나에게 주어진 것들을 당연하게 받아들이지는 않는가? 이 단계에서는 질문하기가 나올 수 없다. 무조건 따르고 받아들여야만 하기 때문이다.

그런데 사막을 걷던 낙타는 어느 순간 '너는 해야 한다'는 명령을 거부한다. 그리곤 '나는 하고 싶다'고 선언한다. 이것이 자유를 상징하는 '사자'의 정신이다. 과연 사자의 등 위에 낙타가 짊어진 짐을 실을 수 있을까? 사자의 등에 어느 누구도 짐을 실을 수 없다. 사자는 '아니오'를 말할 수 있다. '~로 부터의 자유'다. 어떤 주인도 섬기지 않는다. 이때의 질문은 어떤 것(현상)에 대해 '버티는', '부정하는' 질문하기다. 모두가 맞다고 생각할 때 'No'라는 '질문하기'다.

간혹 우리도 그렇지 않을까? 어떤 것에 대해 하기 싫다는 표현은 한다. 이 단계는 익숙했던 것들을 낯설게 보는 것이다. 그리고 그것에 대해 질문 하는 것이다. 그 익숙함과 낯섬은 기존의 틀 안에서의 질문하기라고 할 수 있다. 용맹한 사자는 낯섬에 대한 두려움에서 벗어나, 그 낯설음을 환대하는 것이다.

하지만 사자의 단계에서는 무엇을 해야 하는가에 대

해서는 알지 못한다. 어쩌면 우리가 생각하는 자유가 이 것일 수 있다. 반항하는 단계, 거부하는 단계다. 낙타의 삶에 길들여지면, 사자의 단계에 와서 단순히 '아니오'에서 멈춘다. 이 단계는 자기가 지금 길들여져 있음을 아는 단계이고, 그것에 대해 거부하는 단계다. 여기에서 질문하기는 기존 체제에 대한, 기존 앎에 대한 '아니오'의 수준에 멈추는 단계이다.

사자는 새로운 가치를 창조하는 단계로까진 발전하지 못할 수 있다. 그저 지금 상황이 싫다고는 말하지만 그렇다고 무엇을 할 수 있는지 말하지 못한다. 거부만 있을 뿐 방향이 없다.

니체는 '사자'의 단계 이후에 '어린아이'의 단계를 이야기한다. 가치 창조가 가능한 단계. 이 시기를 어린아이의 시기라고 한다. 기존에 익숙한 많은 것들에서 벗어나 자기가 하고 싶은 것을 하는 단계다.

> 그러나 말하라, 형제들이여, 사자도 하지 못한 일을 어떻게 아이가 할 수 있단 말인가? 강탈하는 사자가 이제는 왜 아이가 되어야만 하는가? 아이는 순진무구함이며, 망각이고, 새로운 출발, 놀이, 스스로 도는 수레바퀴, 최초의 움직임이며, 성스러운 긍정이 아닌가. 그렇다 창조라는 유희를 위해서는, 형제들이여, 성스러운 긍정이 필요하다. 이제 정신은 자신의 의지를 원하고

세계를 상실한 자는 이제 자신의 세계를 되찾는다.[28]
(니체의 차라투스트라는 이렇게 말했다. p.38).

어린아이의 단계. 놀이. 자기가 주인인 창조행위.

생텍쥐페리의 '어린 왕자'라는 책에서 어린왕자가 코끼리를 삼킨 '보아뱀'을 그린 그림에 대해 어른들은 '모자'라고 한다. 그러면서 쓸데없는 그림 따위 집어치우고 산수, 역사, 문법에 재미를 붙여보라고 충고한다. 우리들은 어른으로 성장하는 과정에서 주입된 가치, 과거의 기억에 얽매여 사물을 고정된 의미로 받아들인다. 하지만 '어린아이'는 매 순간 새로운 상상과 생성을 통해 자신만의 세계를 만들고 확장한다. 니체의 '어린아이'는 매 순간 익숙한 것들에 대해 질문하는 철학자다.

여러분은 어느 상태인가? 길들여진 상태로 그저 한 걸음 한 걸음 걷고 있는 '낙타'인가? 주어진 것에 대해 '아니오'라고 말할 수 있는 '사자'인가? 낯설게 보고, 새로운 가치를 만들어가는 '어린아이'인가?

> 낙타의 '해야 한다'에서
> 사자의 '나는 원한다'로
> 그리고 어린아이의 '질문하기'로······

질문하기. 자기 분열이다

질문하기는 변화 속에서 나아간다.

질문을 하다 보면 예전의 질문들이 다시 등장하기도 한다. 하지만 그 질문은 결코 과거의 질문과 동일한 것은 아니다. 헤겔이 말한 정(正)-반(反)-합(合)에서 합이 다시 이전의 정으로 되돌아 갈 수 없는 것처럼 말이다. 사회적 이슈가 지나면 예전의 삶으로 돌아갈 것이라고 생각하고 있다.[29] 하지만 우리는 결코 이전으로 돌아갈 수 없다. 합이라는 새로운 시대가 도래하기 때문이다.

인류에게 던져진 질문도 과거의 질문들이 등장하는 것처럼 여겨질 수도 있다. 하지만 그 질문들은 같은 것이 아니다. 질문은 계속 발달한다. 질문 자체가 새로움이기 때문이다. 정반합은 계속되는 질문하기의 과정이다.

정반합과 관련하여 좀 더 자세히 살펴보자. 지금 책상 위에 컵이 있다. 컵을 위에서 보자. 동그랗다. 그러면 '이 컵은 동그랗다'의 명제가 만들어진다. 이것이 원래 우리가 이해하고 있는 상태인 정(正)이다. 독일어로 테제(These)라고 한다. 그런데 컵을 옆에서 보면 사각형이다. '컵은 동그랗다'는 테제(정)에 오류가 있는 셈이다. 그런데 틀리지는 않다. 위에서 바라본 동그랗다는 것 또한 사실이니까. 안티테제(Antithese)다. 반(反)이다. 이렇듯 컵이 동그랗다와 사각형이다라는 정(These)과 반(Antithese)은 서로 모순되는 것처럼 보이지만 두 명제 모두 맞다. 정과 반을 합치면 '컵은 원통형이다' 라는 새로운 명제가 도출된다. '합(合)'인 진테제(Synthese)다. 이 '합'은 또 다시 새로운 '정'이 된다. 여기에서 '정'과 '반'은 지양(Aufheben)을 통해서 '합'이 된다. 여기에서 '합'인 '지양'은 '정'과 '반'이 소멸된다는 것이 아니다. 함께 공존한다는 것이다. 셋을 순서대로 이어 '정반합'이라 부른다. '정반합'은 우리가 이야기 하고 있는 '질문하기'와도 아주 밀접한 연관이 있다. 기존에 알고 있던 '정'에서 '반'으로 질문하고, '반'의 자리에서 정과 새로운 관계를 맺어 '합'이 되고, 그것에 대해 또 질문한다.[30]

변증법적 발전은 즉자적 존재(정)와 대자적 존재(반)가 만나 즉자대자적 존재(합)가 되어 가는 과정이다. 자기가 누구인지 모르는 상태, 이 상태가 '즉자'의 상태다. 아마도 자기가 무엇을 모르는지도 모르는 상태일 것이다.

여기에서 '대자적 존재' 상태는 자기 존재의 자기 타자화, 자기 분열, 혹은 자기 대상화하는 것이다. 우리가 질문을 만날 때 이런 순간은 즉자(지금 현 상태; 정)가 대자(반)를 만나는 순간이다. 질문이 없을 때는 즉자적 존재

(정)로 머물러 있을 때이다. 이때는 합인 '즉자대자적 존재'로 성장할 수 없다.

질문하기는 지금 현 상태인 자신(즉자적 존재; 정)이 변화하려는 그 시점에서 나온다. 그것은 대자적 존재(반)를 인정하고 발견하면서 시작된다. 이 대자적 존재(반)는 그동안 자기가 생각해 왔던 것들. 자기의 신념들에 대한 것들 즉, 즉자(정)를 부정하면서 나타난다. 질문하기는 자기를 분열시키는 것이다. 이것은 자기를 부정하는 것이다.

질문하기를 통해 '나'를 너머서 '나'를 마주한다. '나'라는 존재는 질문을 통해 '새로운 나'로 출현한다. 여기에서 '새로운 나'는 자기 분열을 통해서 더 성장한 '나'다. '나'의 존재에 대해서 '나는 나다'라는 추상성에서 탈피하여 경험 세계에서 확인할 수 있는 것으로 자신을 구체적으로 드러내는 것을 말한다. 질문하기는 '추상적인 나'가 '구체적인 나'가 되는 것이다.

질문이 없는 '즉자'인 상태에 있을 때는 자기가 분열되지 않고 있을 때이다. 자기가 분열되지 않는다는 것은 자기의 사유가 움직임이 없다는 것을 의미한다. 공허한 상태라고 할 수 있다. 막연한 상태이기도 하다. 삶 자체에 '나'에 관한 이야기가 사라진 상태다. 이를 추상적이라고 표현할 수도 있다. 삶이 추상적이 된다는 것은 실제가 없다는 것을 의미한다.

질문하기는 자기와의 대립 즉, 자기 분열을 거친다. 이러한 것은 어떻게 보면 갈등 상황이라고 할 수 있다. 이때 비로소 삶은 구체성을 갖게 된다. 그것은 질문하기다.

질문하기, 자기를 드러내는 것

아이들은 질문을 통해 자기를 드러낸다. 아이가 한글에 대해 자꾸 질문하면 글을 가르칠 때다. 그래서 글을 빨리 가르쳐야 되느냐 늦게 가르쳐야 되느냐의 논쟁은 의미가 없다. 아이가 스스로 결정하기 때문이다. 질문은 아이들의 신호다. 자기를 드러내는 신호다.

무엇인가 질문을 한다는 것은 주어진 모든 것들을 그냥 받아들이는 것이 아니라 나의 눈을 통해 세상을 바라보는 것이다. 질문하기를 통해서 우리는 남이 시킨 대로 하지 않고, 자기 삶을 살 수 있다. 그것은 주체적인 삶이다. 이런 삶을 사는 사람은 남에게 의존하지 않는다.

질문을 하지 않는다는 것은 자기가 세상을 받아들이는 것이 아닌 세상이 받아들이라고 한 대로 받아들이는 것이다. 주체적인 삶. 그것은 남들과 함께 살지만, 그들에게 예속되지 않는 자신의 삶이다.

그 삶은 어떤 삶일까? 아무 생각도 없이 모든 것을 그냥 받아들이는 삶이 아니다. 남에게 보여주기 위해 생각하고 그것에 이끌려 사는 삶이 아니다.

질문하기는 삶의 기준이 자기 자신에게 있음을 의미한다. 기준이 다른 사람에게 있다는 것은 기준을 세울 필요도 없고, 기준을 판단할 필요도 없다는 것을 말한다. 이미 세워진 기준에 아무 생각 없이 따르는 것이다.

자기 삶을 산다는 의미가 도덕과 법을 떠나 맘대로 산다는 것을 의미하는 것은 아니다. 남들이 만들어 놓은 것을 그대로 따르는 사람과 무엇이 질서이고, 법인지, 도덕인지, 왜 그것들을 지켜야 하는지에 관한 질문하기를 하는 사람은 어떻게 다를까? 남들이 만들어 놓은 것을 당연하다고 여겨 그대로 따르는 사람에 비해 모두가 당연하다는 것에 대해 질문하고, 그 답을 찾기 위해 고민하는 사람은 오히려 스스로 실천할 수 있는 사람이다. 왜 횡단보도에서 멈추고 파란불에 가야 하는지? 왜 쓰레기를 버리면 안 되는지? 왜 친구들과 싸우면 안 되는지? 왜 부모님께 효도해야 하는지? 왜 국가를 사랑해야 하는지? 등에 관한 질문들과 그 질문의 대답을 찾아가는 과정은 그것을 당연하게 그대로 따르는 것보다 더 잘 실천할 수 있게 한다.

주체적인 삶은 다른 사람에게 끌려가지 않는 삶이다. 그렇다고 다른 사람의 생각들은 무조건 틀렸고, 무조건 그들과 달리해야 한다는 것은 아니다. 중요한 것은 자신의 생각이 있어야 한다는 것이다. 자기의 생각이 있어야 비로소 질문을 할 수 있다. 자기의 생각을 허용하지 않고 없애 버리는 것은 독재 국가에서, 그리고 식민지 국가를 대상으로 자행되었던 방법들이다. 주체적인 삶에 가장 방해가 되는 것은 '질문없음'이다.

질문하기. 세상을 내가 의미화하는 것

매일 보는 잔디밭이 있다. 잔디밭에는 살기 위해서 삐쭉 튀어 나온 잡초, 잔디 밭 사이에 생긴 두더지 길, 잔디에 살포시 앉는 잠자리가 있다. 그런 것들을 보지 못한 채 녹색의 잔디만을 볼 때가 많다. 그것들이 낯설게 내 눈으로 들어오기 시작하는 순간, 그 순간이 질문하기의 상황이다. '잔디에 잠자리가 앉았네. 저 잠자리는 왜 이때만 나타나지?', '여기 앉았다가 어디로 갈까?', '저 잠자리의 눈에 나는 어떻게 비칠까?' 등 잠자리를 보면서 하는 질문들… '잔디에 쑥 튀어 올라온 잡초, 저 잡초 씨앗은 어디에서 날아왔을까?', '저 잡초의 운명은 어떻게 될까?', '그냥 놔두면 얼마나 자랄까?' 등 잔디밭을 보며 하는 질문들… 우리에게 질문들이 쏟아질 때 세상을 풍요롭게 바라볼 수 있는 능력이 생기게 된다. 풍요로운 세상을 그 자체로 바라볼 수 있는 능력, 그것이 곧 질문하기다.

질문하기는 행복이다. 질문하기는 일상 속에서 흔하게, 부분으로 존재했던 작은 것들의 의미를 발견하게 하며 그것의 소중함을 깨닫게 한다. 그리고 그러한 관심은 다시 질문으로 이어진다.

질문하기는 '긍정'이나 '행복'으로 이어질 수 있다. 긍정은 존재 자체에 대한 긍정을 의미한다. 행복은 자기를 둘러싼 세상을 의미 있게 만드는 것이다. 질문에 '나'의 의미를 부여할 수 있어야 하며, '나'에게 의미있어야 한다. 무엇이든 궁금해하고 탐색하는 것, 의미있게 만드는 것. 질문하기는 이런 것에 대해 욕망하는 것이다.

세상을 낯설게 바라보며 질문하는 사람은 다른 사람의 삶에 끌려가지 않기에 다른 대상을 부러워하지 않는다. 행복을 자기의 만족으로 본다는 것은 행복이 자기 안에 있음을 말한다. 행복을 느끼는 주체는 자기 자신이다. 부모나 친구가 대신해 줄 수 없다.

남들이 좋다고 하니까 좋아지는 것들. 남들이 하니까 나도 해야 하는 것은 자기 자신을 행복하게 할 수 없다. 질문하기를 통해 내 삶이 타자의 삶에 의해 예속된 것이 아닌 자기 삶의 주인됨을 회복할 수 있다는 점에서, 질문하기는 삶을 행복하게 만들 수 있는 길이다.

내가 익숙한 것에 대해 질문하기를 통해 존재를 느끼게 하는 것, 내가 익숙한 것에 대해 질문하기를 통해 존재에게 의미를 부여하는 것. 이것이 자기 '삶의 주인됨'을 회복하는 길이다.

질문하기. 자기 해체, 자기 재생

질문하기가 시작되면
난 움추려 든다.
내 자신을 부정해야 한다.
내가 믿었던 것들에 대해 배신해야 한다.
괴롭다.
두렵다.
내 자신의 앎의 지평을 버려야 하기 때문이다.

움추려든다.
내 영토인 줄 철저히 믿었던 것들, 그것들은 내 것이 아니었다.
막연하게 내 영토인 줄 알았던 그것들이
내 소유가 아님을 알게 된다.
영토가 축소되기도 한다. 그래서 두렵다.
질문하기는 오히려 내 영토를 축소시킬 것 같다.
은근 슬쩍 내 영토인 줄 알았던 것들이 아님을 알게 될까봐
질문하기를 멈추려고 한다.
자기 영토를 확실히 알게 되면 영토는 좁아졌을지라도,
어느 방향으로 나가가야 할지,
비옥한 곳이 어디인지를 명확히 알 수 있게 된다.
이젠 확실히 안다. 어느 곳이 비옥한 곳인지.

> *어디로 가야 하는지.*
> *끝끝내는 영토를 넓혀주리라.*
> *일단은 경계를 짓자. 내 영토의 경계를.*
> *그리고 그 경계를 넘자.*

 질문하기는 그동안 지켜 왔던 자기에 대한 해체다. 질문하기는 자신의 사유를 포기하고, 한계에 직면했을 때 등장한다. 내 생각의 한계에서 시작하여 다음 사유로 나아가기 전 단계에서 드러난다.
 질문은 질문을 받는 사람에게 또 다른 결핍을 드러나게 한다. 질문을 받는 사람이 설사 그 질문에 답을 했다고 할지라도, 막상 질문을 받는 그 순간은 결핍을 경험하게 된다. 그리고 그 결핍은 답을 하는 과정 속에서 새로운 앎과 새로운 질문을 생성한다. 자기 부정의 산물로 등장한 결핍은 누군가에 의해 강요받아 할 수 있는 자기 침체나 혹은 폭력적인 것이 아니다. 질문하기는 타자가 배재된 채 오롯이 자기의 힘으로 생각할 때 나올 수 있다. 그래서 질문하기는 자기 부정이며, 자기를 살리는 행위다.

질문하기. 자유의 드러냄

> 질문하기의 본질은 '자유'다.
> 자유는 질문 그 자체를 결정하고 구성한다.
>
> 질문하기 속의 자유는 '마음대로'가 아니다.
> '스스로 주체적으로 강요없이'라는 뜻이다.
>
> 그런 의미에서 진정한 자유는 질문이 있는 자유다.

  남의 명령에 의해서, 또는 어쩔 수 없이 어떤 결정을 하거나 행동하는 것은 질문하기를 하지 않았기 때문이다. 질문하기에서 자유를 경험한 사람은 자유를 포기하고 예전의 삶으로 돌아가려 하지 않는다.
  자유는 질문하기의 특성 중 하나가 아니라 질문하기가 가능할 수 있는 필수조건이다. 질문하기는 '자유'의 속성을 통해 의지와 판단을 주체적으로 만들어 스스로에게 충실할 것을 의미한다. 자유를 본질로 하는 질문하기는 무언가를 고정시키려고 하지 않는다. '정해진 것(고정된 것)', '되어지는 삶'이 아닌 계속적인 변화를 추구한다.

질문하기가 감싸고 있는 자유는 스스로 돌아보고, 스스로 만들어 간다. 끊임없이 자신을 돌아보고 스스로 평가를 내리며 자신을 의식한다. 스스로의 능력으로 자신을 만들어 간다. 자유의 등에 탄 질문하기는 '나'를 주장하는 것이 아니라 '나'를 구속했던 것들에 대한 해체다. 정해진 대로, 시키는 대로, 다른 사람들이 걸어간 길을 그대로 따라가면 되는데, 순응, 복종 대신 자유를 선택한 것이다.

질문을 한다는 것은 스스로 생각하고, 판단하고, 결정한다는 것이다. 질문이 없다는 것은 판단을 제대로 하지 못한다는 뜻이다. 아니, 판단 자체를 할 수 없다는 것을 의미한다. 인간은 스스로 목표를 세우고 그 목표를 달성하기 위해 노력하는 존재다. 이를 위해 스스로 질문하고 판단하며 행동한다. 자유와 함께 하는 사람은 자신이 하는 일이 어떤 의미가 있고, 어떤 결과를 가져오게 될지 끊임없이 질문하며 행동한다. 스스로에게 질문하기를 통하여 무엇이 옳은 일이고, 무엇을 해야 하며, 하지 말아야 하는지를 알 수 있다.

질문하기, 텍스트 마주하기

 책을 읽으며 던지는 질문은 수십 년, 수백 년, 심지어 수천 년을 초월하여 그 텍스트와 깊이 연결되려는 시도이다.
 텍스트와의 연결은 그 내용이 적용될 수 있는 실제 삶의 현장, 즉 현실 그 자체를 의미한다. 현실 속에서 텍스트를 이해하고, 그것을 현실의 삶 속에서 살아 움직이게 만드는 것. 그것이 바로 질문을 던지는 행위이다.

질문하기. 복합적 연결의 결과

질문하기는 평면적 사유가 아니다.
질문하기는 단선의 사유가 아니다.
질문하기는 복합적으로 연결된다.
질문하기에 함축된 앎은 열려있다.

그래서 어떤 식으로든 질문할 수 있다.

질문하기. 살았다는 것

 살아 있다는 것은 질문한다는 것이다. 주어진 현실을 벗어나 그것을 객관적으로 바라보고 현재보다 나은 미래를 향해 나아가려는 노력이다. 질문없음은 지금, 여기에 안주하는 것이며, 새로운 것에 대한 호기심이 두려움으로 변하여 결국 삶과 멀어지는 것이다.

질문하기. 앎의 표현

    질문하기는 앎의 표현이다. 무엇인가를 알아야 질문할 수 있다. 모를 때는 할 수 없다. 안다는 것은 모르는 것을 더 찾는 과정이다. 무엇인가를 알게 되면 오히려 그 주제에 대해 아직 모르는 것이 많다는 사실을 깨닫게 된다.

    알면 알수록 현재 알고 있는 것과 알고 싶은 것 사이에 틈이 생긴다. 이 틈을 채우고자 할 때 드러나는 것이 질문이다. 틈을 채운 순간 또 다시 틈이 생긴다. 질문으로 채우지 않는 틈은 더 벌어질 뿐이다. 틈 사이에 메워진 질문은, 또 다른 틈을 만들고, 채우면 또 다른 틈을 만든다.

    질문하기는 모름이 아니라 앎에 대한 내부의 틈이다. 앎과 앎의 틈 사이에 비집고 나오는 새로운 앎의 잉태가 질문이다. 질문하기는 자신의 앎을 인식하고, 새로운 앎에 대한 열망 사이에 빈틈이 있음을 인식하는 과정이다.

    사람은 모르는 영역은 쉽게 접근할 수 없다. 무엇인가 알고 있는 것에서 더 알려고 한다. 그리고 알 수 있는 것만 알고자 한다. 모르는 것은 아예 궁금해 할 수도 없다. 모름을 넘어서 존재하는 것들은 의미가 없다. 따라서 모름은 앎에 대한 열정이나 충동의 대상이 될 수 없다. 앎이 새로운 앎을 불러일으킨다. 질문하기는 앎의 표현이다.

7장

질문,
변화의 시작

질문하기는
새로움의 추동이다.
그것은 성장이다.
성장은 삶과 관계맺기를 통해 의미를 구성하고,
의미를 지속적으로 증폭해가는 과정이다.

질문하기. 세상을 사랑하는 것

　질문하기는 선악을 떠나, 뭔가 다른 것, 저 멀리 있는 것, 이해하기 힘든 것들을 알아내려는 욕망이다. 세상에 대해 질문할 때 그 세상은 흥미롭다. 세상에 대해 질문하기가 사라지면 세상이 지루해진다.
　아이들은 많은 질문을 한다. 말을 시작하면 부모에게 질문 폭탄을 쏟아 붙는다. "이게 뭐야?", "저게 뭐야?" 라고 끊임없이 재잘거린다. 하루에도 수 백개의 질문을 한다. 아이들이 질문하는 것은 세상에 대해 관심이 많고, 세상에 대해 열려있기 때문이다. 누군가를 사랑하면 그 사람에게 궁금한 것이 많듯이, 아이들은 세상을 사랑하고 있는 것이다. 어른들의 경우에도 열정적인 사람일수록 질문을 많이 한다. 삶에 의미가 없는 사람은 질문을 하지 않는다. 질문하지 않는 사람들은 죽은 것과 같다.
　성장하면서부터 질문하기가 줄어든다. 이상한 사람으로 취급받기 때문이다. 어쩌다 물음표가 떠올라도 스스로 유치하다고 생각하며 애써 질문하기의 욕구를 감춘다.
　이는 잘못된 행동이다. 인간이라면 누구나 평생 질문을 멈추지 말아야 한다. 질문하기를 즐길 수 있어야 한다. 그것이 '존재'의 특성이다.

질문하기, 새로움의 추동

 질문하기는 새로움의 추동이다. 그것은 성장이다. 성장은 삶과 관계맺기를 통해 의미를 구성하고, 의미를 지속적으로 증폭해가는 과정이다. 삶에 작용하는 의미는 자기 자신과 타자(세계)의 양방향에 걸쳐 있다. 그래서 우리는 자기 자신과 세계의 타자성을 경험하게 하는 의미구성 과정에 관심을 가져야 한다. 질문하기는 그 의미구성 과정을 추동하는 중요한 매개다.

 질문하기는 누군가에 의해서 행해질 수 없는 능동적이고 주체적인 행위이다. 그 결과 의미의 구조적 변화를 가져오게 한다. 질문없이 새로움을 받아들이는 것은 사실적 이해에 머무르는 경우가 많다. 질문이 능동적이고 주체적인 행위라는 것에 동의한다면, 결국 사실적 이해는 질문자의 의미구성을 위함이다. 질문하기는 타자에 대한 사실적 이해를 넘어, 질문자의 의미 구성을 강화하는 질문하기여야 한다.[31]

질문하기. 사고를 변형

 질문을 던지고 그에 답하는 과정은 사고의 흐름을 그대로 드러낸다. 질문하기는 기존의 사고와 새롭게 알게 되는 사고 사이를 이어주는 것으로, 사고를 변형시키는 과정이다. 어떤 대상을 사고한다는 것은 그 대상에 대해 묻고 또 묻고, 답을 하고, 묻고를 반복하는 과정이다. 그래서 질문하기는 역동적이다. 끊임없이 변하고 나아간다.

질문하기. 편견에서 탈주

'질문하기'는 타자와 소통하며 공동체 내에서 중요한 역할을 한다. 과거 한국 공동체에서 '질문하기'는 종종 고지식하게 여겨질 수 있었다. 질문을 하면 공동체의 의견에 대한 비판으로 해석될 수 있었고, 독단적이고 이기적인 행동으로 오해될 수 있었다. 이로 인해 불신과 미움이 동반되기도 했다. 그 당시에는 질문을 한다는 것이 공동체에서 소외되는 요인이었다. 왜냐하면 질문하기는 다른 의견을 부정하는 경향으로 이어지기도 하기 때문이다. 그러한 것들은 질문의 중요성을 퇴색하는 결과를 낳는다. 하지만 질문은 오히려 소통에 개방적이며, 다양성을 수용하는 데 도움을 줄 수 있다.

내가 누군가에게 질문하는 것은 상대에 대한 관심의 결과다. 또한 누군가가 자신에게 질문한다면 그 질문은 묻는자의 소통하고자 하는 표현이다. 내가 누군가에게 질문하는 것은 '나'를 부정하고 그 사람이나 의견에 대해 받아들이고자 하는 것이다. 물론 이 말을 부인할 수 있다. 어떤 사실을 확인하여 추궁하기 위해 질문할 수도 있다. 그러나 이러한 질문에 대해 질문받는 사람이 불쾌할 수도 있다. 그것은 질문이 아니기 때문이다. 질문을 가장

한 추궁이기 때문이다. 이미 정해진 답에 대한 동의를 구하거나, 이미 정해진 답에 대해 상대는 틀렸다라는 것을 알리기 위함이다. 질문의 탈을 쓴 비난이다.

질문하기는 소통의 도구로, 오히려 다양성을 수용하는 데 큰 역할을 한다. 질문하기는 그동안 믿어 온 것을 부정하는 것이다. 자신의 신념에 대한 의구심을 갖는 것은 받아들임에 대한 새로운 시각을 얻을 수 있는 기회이다. 익숙함에 대한 부인은 질문의 형식으로 나타난다. 평소에 마음에 들지 않았던 생각들에 열려 있음이며, '질문하기'를 통해 '니편 내편'의 편견을 벗어날 수 있다.

그래서 누군가가 질문을 한다면, 그리고 내가 질문을 한다면... 그 모든 것이 소통하기 위함이라는 것을 들여다 볼 수 있어야 한다.

질문하기, 다른 방식으로 보기

　질문하기는 세상을 내 눈으로 보는 행위다. 질문하기는 세상을 그 자체로 마주하게 하며 낯선 시선에서 새롭게 의미를 발견하게 한다. 보는 것을 통해 세상을 받아들인다. 보는 것은 '나'와 대상과 관계를 맺는 것이다. 사물을 보는 방식은 그동안 내 안에서 진행되어 온 많은 경험, 신념에 의해서 결정된다. 우리는 알고 있는 것, 믿고 있는 것에 따라 본다.[32] 그렇기 때문에 보는 것을 통한 받아들임은 나를 넘어서지 못한다. 지금까지의 '나'를 벗어나기 위해서는 다른 방식으로 바라볼 수 있어야 한다. '다른 방식으로 보기'가 '질문하기'이다.

　'질문하기'는 '보기'에 '다른 방식으로'가 결합되어 대상과의 연결을 새롭게 하려는 시도이다. 질문하기인 '다른 방식으로 보기'는 단순히 '보기'를 그대로 받아들이는 것처럼 대상에 함몰되거나, 대상을 함몰시키지 않고 '나'를 찾는 것이다.

　질문하기를 통해 관계맺기의 한 축을 이루고 있는 '나'를 볼 수 있다. 타자와 연결되어 있는 자신을 들여다 볼 수 있다. 여기에서 찾는 '나'는 새로운 자기 발견이며, 그간의 자기를 버리는 자기 탈주이자 자기 해방이다.

질문하기. 버림

 질문하기는 그동안 살아온 방식과 인식해온 것들에 대한 버림이다. 질문한다는 것은 우리에게 주어진 상황을 대상화하고 문제시하는 것이다. 또한 현실(현상)을 벗어나기 위해 몸부림치는 행위이기도 하다. 질문하기는 미래가 가져올 낯섦에 대한 환대이다. 낯섦에 대한 두려움에서 벗어나는 것이다.
 질문하기는 답의 종속변수가 아니다. 질문하기는 그 자체로 독립변수이다. 삶 속에서 드러난 질문하기는 답과 짝을 이루어 존재하지 않으며, 오로지 그 자체만으로 존재한다. 삶 속에 중요한 것은 수 차례 제기되는 질문하기의 시도이지 답을 찾는 것은 아니다.

질문하기. 세상을 바꾸는 힘

 질문은 세상을 변하게 한다. 새로운 방향으로 나아가게 한다. 자신, 타인, 지역사회, 국가와 인류의 이슈에 대해 끊임없이 질문해야 한다. 그러한 질문의 순간들은 우리 사회가 선한 방향으로 나아갈 수 있는 기회를 제공한다. 세상을 향한 '질문하기'를 멈추어서는 안 된다.

> 시대를 바꾸는 힘은
> 언제나 '답'을 가진 자가 아닌
> 제대로 된 '질문'을 던지는 이들로부터 시작되었다![33]

> 질문으로 시대를 바꾸고 힘을 만들어 낸다.
> 바른 시대, 바른 힘을 만들어 내기 위해서는
> 바른 질문 또한 중요하다.

> "질문이란
> 세상을 변하게 하는 출발이 질문이다.
> 어떤 사회현상을 변화시키는 과정에 꼭 필요한 게 질문이고
> 또 그런 질문이 세상을 바꾸는 동력이기도 하고 우리 사회를
> 제대로 잡아가는 데 큰 도움이 되겠다."[34]

우리는 자신에게 어떤 질문을 던지고 있는가?
우리는 세상에 어떤 질문을 던지고 있는가?
우리는 이 시대에 어떤 질문을 던지고 있는가?

던지지 않고, 모든 것을 받아들였다면..
질문을 던지는 것. 그것조차 하지 않았다면...
그리고 잘못된 질문을 던지고 있었다면...
우리는 이제 제대로 된 질문을 던져야 할 것이다.

질문하기. 생각하는 '나', 생각되어지는 '나'

고대 그리스에서는 내가 무엇이라고 말할 수 없는 것, 설명할 수 없는 것, 이러한 것은 신들의 행위로 치부했다. 술을 마시면 사람들이 정신을 잃고 취하는 것이 알코올이라는 성분이 몸에 들어가 뇌의 호르몬을 자극시켜서 정신이 혼미해지는 것이 아니라 디오니소스 때문이라는 것이다. 내가 누군가를 사랑하는 것은, 큐피트가 와서 화살을 쏘게 되어, 사랑할 수밖에 없게 되는 것이고, 바다에서 비가 오고 풍랑이 이는 것은 포세이돈이, 농사가 잘 되는 것은… 이렇듯, 설명할 수 없는 삶의 모든 영역은 신들이 개입한 것이라고 간주된다. 이들의 질문은 어느 신에게 제사를 지내느냐? 정해진 제사의 형식에 잘 따르고 있는가? 신의 어느 율법에 내가 거스렸나? 등에 관한 질문들이었을 것이다. 이후 중세 기독교가 되면서 인간에게 그리스의 신들은 하나님으로 대처된다.

근대에 와서는 생각하는 '나'가 등장한다. '나'는 의식의 주체다. 나는 이성을 통해 스스로 판단하고 행동하는 자율적 주체라고 믿었다. 근대를 지배한 패러다임이다. 근대 이후 그동안 인류가 믿고 있었던 것들은 도전을 받았다. 내 생각의 주체는 오롯이 '나'가 아니란 것이다. 근대 패러다임에서는 내가 무엇을 좋아하고, 누구를 사랑하는 것 등 내가 생각하는 모든 것들은 내가 생각하고 결정한다고 여겼지만, 이러한 생각은 도전을 받는다. 내가 생각하는 것 같지만 내가 생각하는 것이 아니라 생각하게 된 것이다. 나는 나인데 내가 생각하는 것이 아니라 어찌할 수 없이 (구조에 의해) 나는 생각되어진다는 것이다. 내가 누군가를 사랑하는 것은 내가 그 사람을 사랑하는 것이 아니라 '나'가 그 사람을 사랑하게 된 것이다. 내가 주체가 아니다.

하지만 프로이드는 생각의 주체는 오롯이 의식하는 주체가 아닌 무의식이다. 무의식이 나를 생각하게 한다. 지금 내가 누군가를 사랑하고, 누군가에게 화를 내고, 무엇을 보면 자신감이 생기고, 어떤 장면에서 괜히 위축되는 일련의 모든 사건들은 내가 어찌할 수 없는 무의식에 의해서라고 한다. 아주 어렸을 때 자신과 함께 지낸 사람과의 관계가 만든 무의식이 성인이 되었을 때 그러한 행동으로 나타난다는 것이다. 심리학 뿐만 아니라 인류학, 사회학, 경제학 등 모든 분야에서 '구조'의 중요성이 나타나게 되었다. 근대 철학자들은 '나'라는 주체를 중요시 여겼는데, '타자'라는 나의 밖에 존재하는 것들과 '나'가 어떻게 관계를 맺느냐에 따라 주체로서의 '나'가 결정된다고 보았다.

질문하기. 동일성과 차이

플라톤에서 현대에 이르기까지 '변하지 않는 것은 무엇인가?', '본질은 무엇인가?' 이러한 질문은 철학자들의 질문만은 아니었다. 그 당시 문학 등에서 사랑, 우정을 이야기 할 때에 변하지 않는 것들을 이야기하고, 모든 것의 본질을 이루는 불변하고 동일한 것들을 찾고 발견하면 모든 우주의 원리와 법칙을 설명할 수 있다고 여겼다. 그러한 철학을 '동일성의 철학'이라고 한다.

여기에서 동일성은 어떤 상황에서도 변치 않는 것을 뜻한다. 인간은 죽음이라는 유한성을 가진 존재였기에 영원에 대한 동경이 있었다. 변하지 않는 오래된 것들에 대한 동경이다. 영원과 변하지 않는 것을 진리라고 생각한다. 사랑도 영원한 사랑을 갈구했다. 하지만 현실에서는 그게 불가능하다. 순수한 동일성을 유지하기는 힘들다. 그래서 플라톤은 이데아를 만들어 냈다. 본질을 모두 보이지 않는 이데아에 넣어버렸다. 플라톤에서 시작된 이러한 동일성의 철학은 서양 철학의 큰 줄기를 형성한다. 여기에서 질문하기는 절대진리인 이데아를 찾기 위함이다. 답은 '이데아'에 있다.

한편에서는 '차이의 철학'이 있다. 차이의 철학에 의하면 동일성이라는 것은 차이에 의해 형성되고 구성된다. 이것을 후기 구조주의라고 한다. 후기 구조주의는 탈구조주의가 아니다. 후기 구조주의도 구조의 틀 안에 있기 때문이다. 구조주의와 차이가 있다면, 구조주의의 구조가 확실성과 정형화 등으로 되어 있어 정태적이라면, 후기 구조주의의 구조는 마치 나무뿌리가 얽히고 설킨 것처럼 불확실성, 비정형화, 동태적이며 역동적이라는 것이다. 그 구조들은 모두 관계 안에 존재한다. '질문하기' 역시, 구조 안에서 이루어진다. 그래서 질문하기는 구조를 이해하기 위해 행해져야 하며, 그 구조를 넘어서기 위해서다. 리좀적 구조를.

질문하기. 물음

묻는다는 것은
상대를 내 안에 가지고 온다는 것입니다.

묻는다는 것은
나를 상대에게 내어 보이는 것입니다.

난 물음으로 그에게 다가갑니다.

질문하기. 있음을 밝히는 몸짓

고요함, 만남 중 고요함.
어색함, 불편함.
누군가를 만날 때 한 번쯤은 경험해 보았을 것입니다.
그 정적을 깨는 것이 질문하기입니다.
질문하기는 타자에게 자기 존재를 내어줍니다.
자기가 있음을 밝히는 몸짓입니다.

수업이나 학회 중의 토론, 공청회 등에서, 그리고 첫 만남에서… 질문 없음은 강연자를 당황하게 한다. 질문 없음은 관심 없음이며, 인정하지 않음이며, 배려치 않음으로 여겨지기도 한다. 이때 누군가가 질문해주면 정말 감사하다. 마음에 위안을 준다. 사랑받고 있다고 여겨진다.

질문하기. 신앙적 믿음의 전제

다음은 영화 콘클라베(Conclave, 2024)에서 로렌츠 추기경의 설교이다.

> 형제자매 여러분, 성모 교회에 봉사하는 동안, 제가 무엇보다 두려워하는 죄는 바로 확신입니다. 확신은 통합의 큰 적입니다. 확신은 관용의 치명적인 적입니다. 심지어 예수님도 십자가 위에서 마지막 순간에 확신하지 않았습니다. '주님, 왜 나를 버리셨습니까?'라고 외쳤습니다. 우리의 신앙은 살아 있는 존재입니다. 왜냐하면 그것은 의심과 함께 손을 잡고 걷기 때문입니다. 만약 확신만 있고 의심이 없다면, 신비가 없을 것이고, 따라서 신앙이 필요하지 않을 것입니다. 주님께 우리에게 의심하는 교황을 주시기를 기도합시다. 그리고 죄를 짓고 용서를 구하는 교황을 주시기를 기도합시다. 그리고 계속 나아가는 교황을 주시기를 기도합시다.[35]

"신앙이 살아 있는 까닭은 정확히 의심과 손을 잡고 걷기 때문이다." 신앙은 믿음이지만, 의심과 손을 잡고 걷는다니... 이 말은 역설을 통한 강조가 아니다. 여기에서 말하는 의심은 불신이 아니다. 의심은 질문하기의 원천이다. 신앙에서 질문이 빠지는 것을 '맹신'이라고 한다. 신앙은 질문과 함께 해야 한다. 질문에는 '나'가 있기 때문이다. '나'가 '하나님'과 만나는 것이다.

다음은 아이가 어렸을 때 나와 한 대화다.

아들 : 아빠... 하나님이 세상을 만들었어?
나 : 응
아들 : 어떻게?
나 : 말씀으로... 그냥 있으라 하니까 생긴거야?
아들 : 응. 그럼 하나님이 인간을 왜 만들어?
나 : 당신의 영광을 위해서지.
아들 : 에이... 말 한 마디면 우주도 만들고 그러는데 축하받으려고 우리를 만들어?
선악과는? 시간과 공간도 만드셨을거 아냐? 인간이 배신할 줄 아셨을거고.... 그런데 왜 만들어? 만들었으면 행복하게 해줘야지. 왜 병도 주고, 죽음도 주고... 우리가 선악과를 먹어서 벌주는거야?
나 : 응...
아들 : 지구가 중심이라고 한 성경은 이제 거짓말이 되었잖아. 천동설이 무너졌잖아. 성경은 과학적으로 증명할 수 없는 것이 너무 많아. 아빠는 그게 이해돼?
나 : 아빠도 성경이 다 이해되지는 않아. 그런데 믿어져. 그게 믿음이야.

나 : 하나님께서는 우리가 질문하는 것을
 싫어하시지 않아. 우리에게 자유의지를 주셨고,
 그것으로 우리는 생각하고, 질문할 수 있었어.
 하지만 그와 동시에 믿음이라는 선물도 주셨지.
아들 : 질문을 한다면 일단 그것을 의심해야 하잖아.
 그것은 믿음이 아니잖아.
 믿음은 의심이 없는거잖아.
나 : 질문은 꼭 의심에서만 나오는 것이 아니란다.
 질문은 세상을 만드신 하나님을 이해하기
 위해서이기도 해. 너도 누군가를 이해할 때
 질문을 하잖아. 이해하기 위해 질문하는 것이
 무조건 의심하는 것은 아니야.

믿음은 무엇인가? '질문하고 의심한 것'은 '믿음'의 상대어가 아니다. 질문하고, 응답받고, 또 질문하기를 계속 반복하며, 신이 선물로 내려 준 '믿음'을 체험해야 한다. 질문 속에서도 지킬 수 있는 것이 믿음이다. 질문에도 불구하고...가 전제된 믿음이 진짜 믿음이다.

질문하기. 실천적 철학

 근원적인 자유를 누릴 수 있는 사람은 '질문하는 사람'이다. 프랑스의 지식인들은 알제리의 현실을 외면했지만 프랑스인 샤르트르는 프랑스의 식민지였던 알제리의 독립을 방해하는 자기 나라를 비판하는 운동을 했다. 이때 질문은 다음과 같다.

  '굶주리는 아이들 앞에서 문학은 가능한가?'

 이 질문은 샤르트르 자신을 향한 질문이기도 하다. 이 질문은 그 당시 사회에 큰 파문을 일으켰다. 이렇게 샤르트르는 '앙가주망' 즉, 사회참여의 철학과 문학을 실천했다. 직접 행동하며, 실천하는 삶을 살았다.
 '앙가주망'은 프랑스 철학의 밑거름으로 작용했다. 앙가주망은 자유 속에서 자신이 선택한 것에 스스로를 묶는 것으로, 이 과정은 '자기 구속'이라고 할 수 있다. 자유를 주장하였으나, 역설적으로는 구속을 의미하는... 이 구속은 타인에 의한 구속이 아니라 자기 스스로를 미래나 자신의 이상에 묶어 매는 것이다.
 누구나 자기 스스로에게 던지는 질문들이 있을 것이

다. 크게는 '내가 왜 살지?' 하는 것도 있겠지만, '오늘 하루 무엇을 했지?', '이번 한 주 무엇을 했지?', '이번 한 달 무엇을 했지?', '올 한 해 무엇을 했지?' 등에 관한 것도 있을 것이다. 스스로에게 던지는 이러한 질문들은 자신을 구속할 수 있는 질문들이다. 세상에 자신을 구속하는 질문들이다. 세상에 자신을 구속하는 질문이다. 그래서 이 질문은 세상을 향한 질문이기도 하다.

질문하기. 생각하기

아래는 한나 아렌트의 '악의 평범성에 대한 보고서' 중 일부이다.[36]

2차 세계대전 후 유대인 학살범 중 아이히만이 있었다. 그는 평범하고, 평범했다. 간수가 건넨 롤리타라는 소설을 보고 아주 불건전한 책이라고 말할 정도로 나름 윤리관도 있었다. 하지만 아이히만은 유대인 학살과 관련하여 잔혹한 많은 일을 했다. 자신은 명령에 따랐으며, 다들 그렇게 하니까 그대로 했다고 말했다. 아이히만은 자기 행위에 대해 질문하지 않았다. 자기 행위에 대해 사유하지 않았다. 그는 그저 명령에 따랐을 뿐이다. 그냥 했다. 자기 생각이 없었다. 한때 이웃이었던 유대인들을 가스실로 끌고 가는 자신의 행동에 질문을 하지 않았던 것이다.

한나 아렌트는 아이히만에 대해 취재하고 글을 쓰면서 아이히만은 너무 지나치게 평범한 사람이었음을 이야기한다. 그러면서 그녀는 질문을 하지 않음은 사유를 하지 않음이라고 이야기한다. 아이히만의 말은 그녀가 회고록을 쓸 때나, 검찰에게 또는 법정에서 말할 때 언제나 동일했고, 똑같은 단어로 표현되었다. 한나 아렌트는 아이히만이 자신은 확실한 신념을 갖고 있으며, 거짓말을 하지 않는다고 믿고 있다는 것을 알았다. 그는 자기에 대해서는 진실했다. 그러나 그것은 홀로코스터라는 무서운 결과를 낳았다.

한나 아렌트는 아이히만의 말을 오랫동안 들으면 들을수록, 그의 말할 수 없음은 그의 생각할 수 없음, 즉 타자의 입장에서 생각할 수 없음과 매우 깊이 연관되어 있음을 점점더 깨달았다. 그와는 어떤 소통도 가능하지 않았다.

그는 다만 말과 타자의 현존을 막는, 현실 자체를 막는 튼튼한 벽으로 에워싸여 있을 뿐이었다. 질문을 할 수 없었던 이유였다.

질문하기. 현실에 긴장감을

하얀 벽...
커다란 큐브 속의 움직임
나에게 비친 조명
티켓, 나를 만나는 사람
난 정해졌다.

광장에 섰다.
날 쳐다본다
그들의 시선에서
낯섦이 느껴진다.
낯섦은 불편함으로...
불편함은 곧 나를 해체하고자 한다.
길이 37m...

난 해체되었다.
...
아무것도 없다.
사라졌다.
다만 질문만을 남긴채...

혹시 장소특정적미술(Site-specific art)에 관해 들어본 적이 있는가?

1981년, 리처드 세라(Richard Serra)는 <기울어진 호(Tilted Arc)>라는 작품을 만들었다.[37] 이 작품은 미국 연방 조달청의 의뢰를 받아 뉴욕 맨허튼의 페더럴 플라자에 설치되었다. 작품 제작비만 17만 5000달러가 들었다고 한다. 강철강(Coten Steel)으로 가로 39m, 세로 3.7m, 두께 6.4cm의 굽은 벽의 조각이 광장을 가로지르도록 만들어졌다.

작품은 광장을 분리시키고, 오가는 사람들의 시선과 동선을 가로막았다. 세라는 자신의 작품을 통해 사람들이 광장을 가로지르는 자신과 자신의 움직임을 인식하게 되며, 자신들의 이동에 따라 조각이 변화함을 경험할 수 있다고 한다. 그 결과 조각에 대한 인식뿐만 아니라 전체 환경에 대한 인식도 점진적으로 변화할 수 있다고 말했다.

> "제 조각은 관람자가 걸음을 멈추고 바라보는 오브제가 아닙니다. 역사적으로 조각을 좌대 위에 놓은 이유는 조각과 관람자를 확고하에 분리하기 위한 조치였습니다. 저의 관심은 관람자가 공간이라는 맥락에서 조각과 상호작용하는 공간을 창조하는 것입니다. 인간의 정체성은 공간과 장소에 대한 경험

과 밀접한 연관이 있습니다. '장소특정적 조각(Site-specific art)'이 끼어들어 알고 있던 공간이 변화하면, 사람들은 그 공간과 다른 관계를 맺을 수 밖에 없습니다. 이것은 조각을 통해서만 불러일으킬 수 있는 상황입니다. 이런 식으로 공간을 경험하게 되면 누군가는 깜짝 놀랄 수 있습니다"[38]

하지만 매일 오고 가는 자신들의 공간에 낯선 무엇인가가 들어섰을 때 그 공간과 이동 방식이나 시각, 주위 건물들과 상호작용하는 방식이 변화한다. 그러한 변화에 의한 그 공간에 대해 가지고 있는 사유의 달라짐을 사람들은 불편해했다. 예술적 가치가 없고, 추하고 공공시설을 침해한다는 불만과, 이 작품 때문에 광장 사용이 불편하고, 범죄자를 끌어드릴 수 있으며, 심지어 테러리스트로부터 안전히 위협당할 수 있다고도 하며 이 조각의 존치에 대해 공청회가 열렸다. 이후 공청회가 열리고, 소송까지 열리게 된다. 세라는 당시 뉴욕의 행정 관리청 감독인 도널드 탈랙커(Donald Thalacker)에게 보낸 편지에서 <기울어진 호>는 연방광장이라는 단 하나의 장소를 위해 주문 제작된 것으로 장소 특정적인 작품이므로 위치를 변경할 수 있는 것이 아니며, 작품을 옮기는 것은 작품을 파괴하는 것이라고 항변했다. 하지만. 많은 논쟁 끝에 이 조각은 1989년 3월 15일에 해체된다. 세라는 주어진 건축에 순응하기 보다는 '질문'을 던지기 위해 조각이라는 언어를 사용했다. 세라가 세상에 던진 '질문'은 '다름이 있음', '낯설음에 대한 환대', 그리고 '변화에 의한 기존 미술관 중심의 미술에 대한 반성' 등이었다. 세라의 질문은 사회적 관심을 불러일으켜 사람들이 익숙하게만 보아온, 낯설지 않은 주변환경에 관심을 갖고 일상 속에서 주변에 관해 생각하게 되었다.[39]

세라의 질문은 또 다른 질문을 만들어 냈다. 일부 사람들을 불편하게 했던 세라의 작품은 오히려 시대의 관심과 공명하고, 사유하기에 좋은 질문을 만드는 울림이 되었다.

미술은 관람객에게 불편을 주면 안되는가?
작가의 표현의 자유의 한계는 어디까지 인가?
대중은 항상 옳은가?
공공미술은 어떤 효과를 주어야 하는가?

질문하기. 대화를 위한 질문

질문하기는 사고를 새롭게 전환한다. 질문은 생각을 자극한다. 그것은 무엇을 알고 있는지를 묻기 보다는 그에 대해 어떤 생각을 하고, 어떤 행동을 하는지를 묻는 것이다. 알게 하고, 이해시키고, 설득하는 것이 아니라 자극을 주는 것이다.

'지금 - 여기'의 자신을 들여다 보고,
깨닫게 하기 위해 질문한다.

대답을 듣기 위해 질문하는 것이 아니라,
대답할 기회를 주기 위해 질문하는 것이 아니라,
대화를 위해 질문한다.

질문하기, 사유의 드러냄

다음은 탈무드의 한 내용이다.[40]

> 젊고 똑똑한 사람이 랍비를 찾아왔다. 6년 동안 얼마나 탈무드를 공부했던지 어떤 페이지에 나오는 얘기에 대해서 물어보아도 척척 대답하는 것이다. 그는 아무리 어려운 논쟁의 이야기라도 막힘없이 확실히 설명했다. 그러나 랍비는 "너는 아직 멀었다"면서 다음과 같이 말했다. "책을 아무리 읽어도 단지 읽었다는 것만으로는 당나귀가 책을 등 뒤에 짊어지고 있는 것과 같다. 당나귀는 아무리 많은 책을 등 뒤에 짊어지고 있다고 해도 당나귀 자신을 위해서는 아무런 도움도 되지 못한다." 그러면서 랍비는 "인간은 책으로 배우는 것이 아니라 책으로 질문을 하는 것이다"라고 했다.

질문하는 내용뿐만 아니라 질문하는 방법도 중요하다. 책을 읽고 그 책에서 '무엇을 질문하는지?'는 그 책에 대한 자신의 사유를 나타낸다. 마치 질문을 통해 그 사람들의 사유를 알 수 있는 것처럼 말이다.

그 사람이 관심갖는 것, 그 사람의 생각 등은 질문하기에 드러난다. 책을 읽으면서 그 책에 관하여 드는 질문. 그 질문은 책 속의 내용과 자기가 관계를 맺는 것이다. 책을 '제대로' 읽는 사람은 책을 총체적 즉, 감정, 사유 그리고 몸 등으로 읽는다. 그것은 질문하는 것과 같다. 질문도 자기의 모든 것들이 동원되어야 가능하다.

책을 읽으면서 질문을 통해 자기 안에 숨어 있는 자기를 드러낼 수 있어야 한다. 책 속에 담긴 자기의 이야기를 끄집어 낼 수 있어야 한다. 자기의 감정, 사유, 감응(affect), 몸까지도.

많은 사람들이 책을 읽을 때 이해하고 해석하고 넘어간다. 이런 식의 독서는 저자의 생각(작품)을 이해하는 데 그친다. 책을 자기 인식의 지평 안으로 가두어 버리고, 자기 해석으로 책을 읽어 버리는 경우이다. 자기 해석이 틀렸다는 것은 아니다. 그러나 그것을 넘어서서 자기 인식의 지평을 확장할 수 있는 질문을 하며 읽어야 한다.

질문하기는 주관적인 '나'의 해석을 객관화시키고, 객관적인 실체인 저자의 생각과 관계를 맺게 한다. 책을 읽으면서 나를 넘어서서 내 생각을 들여다 볼 수 있어야 한다. 그것은 질문하며 읽는 것이다.[41]

질문을 포기하는 순간..
우리의 낭만은 끝이 난다

 매 순간 정답을 찾을 수 없지만 그래도 김사부는 그렇게 말했다. "우리가 왜 사는지 무엇 때문에 사는지 질문을 포기하지 마라. 그 질문을 포기하는 순간 우리의 낭만은 끝이 나는 거다. 알았냐?" 라고 말했다.

-드라마 낭만 닥터 김사부 중에서

질문의 크기는 그 사람 세상의 크기다.
질문의 수준은 그 사람의 수준이다.

사람의 깊이는 모르는 것을 대하는 태도에 달렸다.

질문하기. 끝없는 이야기

'질문하기'는 현상도 보고, 이면도 본다. 질문하기는 자체에 비판의 날을 갖고 있는 만큼, (근거가 분명한) 타인의 비판을 환영한다.

질문을 잘 하지 못하는 사람은 스스로 생각하는 능력이 부족해 타인의 시선에 강박적으로 집착한다. 그래서 질문할 줄 모르고, 욕망 앞에서 솔직해지지 못한다. 의심하지 않기에 시야가 좁고, 고분고분하며 상상력이 부족하고, 주눅이 들어 있다. 심지어 비굴해지기도 한다. 타인의 비판에 쉽게 상처받고 화를 내기도 한다.

'질문하기'. 끝이 없다. 이 책도 끝을 열어놓겠다. 끊임없이 생성해야 하기 때문이다. 그것이 질문이기 위해서는.

질문을 향한 질문

주

01　간혹 선생님들은 아이들의 창의적 사고를 위해 역발상의 질문을 하곤 한다. 그 질문은 학생이 이해하고 있는 지를 평가하기 위함이 아니라 아이들의 삶으로 다시 회귀되는 질문이어야 한다.

02　교육이라는 단어는 영어로 '에듀케이션(education)'이다. 이 에듀케이션의 어원은 라틴 'educare'이다. '에듀카르'란 '밖으로 이끌어내다'라는 뜻을 지니고 있다. 결국 교육의 의미는 '아이들이 지니고 있는 능력을 밖으로 끄집어내는 것'이다. 하지만 중세이후 에듀케이션의 의미가 '주입하다', '가르치다'로 변화하기 시작했다. 산업혁명이 일어나고, 학교에서 열심히 배우는 것이 곧 돈을 벌기 위한 지름길이 된 이후부터 그 의미가 급속도로 변하게 되었다.

03　필자가 터 잡고 있는 하리숲학교에서는 질문하기를 교육의 기본으로 한다. 많은 사람들이 답을 가르치지 않음에 힘들어 한다. 하리숲학교에서는 질문하기를 씨 뿌리는 행위라고 한다.

04　물론 질문하기는 실존, 본질 모두를 묻는다.

05　하브르타(havruta)는 학생과 학생, 교사와 학생, 부모와 자녀 등, 두 사람이 얼굴을 마주보고 앉아 토라와 탈무드의 내용을 읽고 분석하며 토론하는 유대인 전통 교육법이다. 하브르타는 '하베르'에서 유래된 말로 마주보고 토론하는 짝을 의미한다. 여기에서 짝으로 만남 두 사람은 상호의존적 관계에 있으며 자기 학습을 넘어 상대방의 학습에 대해서도 책임을 갖는다.

06　아이들이 죽음을 너무 멀리했다. 그러다 보니 죽음을 두려워한다. 분명 죽음은 두려운 것이다. 하지만, 죽음을 삶에서 마주한 이는 죽음이 막연함이 아닌 구체적으로 다가온다. 두려움에 대한 막연함이 오히려 더 삶을 두렵게 한다.

07　세상은 '나'와 '나 아닌 것'으로 이루어져 있다. '나 아닌 것'은 사람, 자연환경, 물질, 문화 등 많은 피조물들이다. '타자'다.

08 이를 위해서는 '있음'의 자각이 우선이다. 이와 관련하여서는 후술하겠다..

09 실제 여러분이 수영하는 방법에 대해 책을 읽었다고 생각해 보자. 수영하는 방법을 모두 책을 통해 알 수 있는가? 불가능하다. 언어로 모든 것들을 다 표현해 놓을 수 없기 때문이다..

10 파커팔머의 앎이 경계짓기라는 말에서 우리는 질문하기를 더 잘 이해할 수 있으리라 본다.

11 이것을 질문의 '자기 생성'의 기능라고 말하고 싶다. 이러한 자기 생성은 최근 등장하는 복잡성이론에서도 유사한 개념들이 있다. 자기 조직화, 창발등이다..

12 질문에 대한 개념을 이렇게 잡았을 때 수업에서 활용하는 질문은 발문이 아니라 대화가 되어야 한다.

13 '질문이 있는 교실'이라는 표어를 본 적이 있다. 이 말을 들으면, 학생들이 서로 ㅅ로 질문을 하고 있는 모습이 생각나고, 학생들이 질문을 많이 해야 한다는 취지에서 쓰여 진 표어일 것 같다. 하지만, 이 표어는 선생님에게 더 많이 적용되어야 한다. 선생님이 끊임없이 질문을 던져야 한다.

14 Badiou, A (2013). 존재와 사건[Sein und Zeit]. (조형준 역). 서울: 새물결. (원존은 1988에 출판)에서 언급

15 필자(정대현)의 저서 『학습본능 숲에서 놀다』에 보면 그림으로 이해되기 쉽게 자세히 나와있다. 상당부분 이 책에서 인용하였다.

16 아이들은 성장하면서 인식의 틀을 확장(동화, 조절, 평형화)하며 세상을 바라본다는 것이다. 이러한 구성주의식 사유는 교육의 목적 역시 인식의 '틀'을 정교화하는 데 있다고 한다. 그래서 아이들에게 교육할 때도 '인식의 틀'을 확장하는 것을 목적으로 한다.

17 객관주의가 구름을 보면서 수소분자, 산소분자.. 구성성분 이렇게 말했다면, 상호주관주의는 보는 사람에 따라 다 달리 표현될 수 있다는 것이다.

18 마투라나와 바벨라의 복잡성 이론을 상호주관주의로 설명할 수도 있겠

지만, 정대현에 따라서 상호객관주의라고 하였다.

19　최근 인류는 세상을 알기 위해 만들어 내는 지식 자체가 단순화될 수 없는 불확실하고 예측 불가능한 복잡함을 지녔다는 것이 밝혀지고 있다. 이러한 상황은 세계를 알아가는 것, 즉 인식하는 자체를 혼란스럽게 만들었다. 더 이상 세계는 인간의 주관 안에 포섭될 수 없다는 것을 알게 되었다. 특히 심리철학, 인지과학 및 신경과학적 측면에서 예외적이고, 비예측적이며 비정상적인 현상은 기존의 이론으로는 설명할 수 없는 복잡한 상황을 야기시켰고, 이러한 상황은 지금까지의 인식론적 틀을 허물게 하였다. 그렇게 등장한 이론이 바로 복잡성 이론이다. 복잡성이론의 인식론적 기반은 상호객관적 인식론(interobjectivity)으로 형이상학적 합리주의나 경험주의는 물론 사회적구성주의의 상호주관적 인식론(intersubjectivity)과는 구별된다. 상호객관적 인식론의 계보를 살펴보면 스피노자의 에티카와 정치론, 베르그손의 물질과 기억을 들 수 있다. 또한 생물학적 측면에서는 마뚜라나와 바렐라, 그리고 사회학적 측면에서 브루노 라투르(Bruno Latour)의 행위자연결망이론(ANT, actor network theory)등이 상호객관주의의 계보학적 흐름이라고 볼 수 있다.

20　Maturana, H. R., & Varela, F. J. (2007). 앎의 나무, 인간 인지능력의 생물학적 뿌리[The tree of knowledge: The biological roots of human understanding].(최호영 역). 서울 : 갈무리(원전은 1987에 출판)

21　정대현(2017). 학습본능 숲에서 놀다. 광주: 이책사. 필자는 저서 '학습본능 숲에서 놀다'에서 교육패러다임을 객관주의적 패러다임, 상호주관주의패러다임, 상호객관주의 패러다임이라고 언급하며, 미래 교육은 상호객관주의 패러다임 등장의 허용이라고 언급한 바 있다.

22　어린아이의 호기심이 노인의 호기심보다 많으며, 호기심을 보인 쥐가 그렇지 않은 쥐보다 더 오래 산다고 한다.

23　그래서 질문하기는 '존재'에 관한 것이다. 반면, 우리 사회에서 많은 부분 질문을 '인식론'에서 바라보고 있다. 인식론적 입장에서 바라보는 것에 대해 부정하려는 것이 아니라 존재론 측면에서의 질문도 고려되어야 함을 이야기하고 한다.

24　언어를 기호체계로 보는 입장에서 언어는 인간이 고안해 낸 도구라고

이해한다. 즉 실제로 존재하기 보다는 단순히 어떤 것을 이러저러하게 부르기로 약속하여 만들어진 것이라고 생각한다. 이와 달리 언어가 사물과 본질적으로 관계를 맺고 있다는 입장으로 실제로 존재하는 사물들을 나타내는 것이라고 여기는 입장이 있다. 물론 부분적으로는 기호체계로 보고, 부분적으로는 자연적이라는 절충적 입장도 있다. (숲에서 이름 모를 나무에 이름 짓기— 기호체계로 보는 것.. 그러나 이름을 지을 때 그냥 약속이라고 하여 짓는 것이 아니라 나무가 가진 본질적 속성에 따라 짓는 것도 볼 수 있다. 두 가지 이론이 모두 통용되는 것이 아닐까 한다.

25 구조주의 철학자들의 주장이다. 이들은 언어가 결정지어지듯이, 언어로 이루어진 우리의 생각들 역시 일정한 구조를 가지고 있다는 주장이다. 그래서 구조주의자들은 언어를 생각이라고 여긴다. 그래서 생각의 구조인 언어 구조를 탐색하려고 시도한다

26 보통 타자는 다른 사람을 뜻한다고 생각하지만, 타자는 '자기를 제외한 모든 것'이다. 사람 뿐만 아니라 사물, 물건, 책, 제도도 모두 '타자'이다

27 '대상과 주체의 객관화, 질문하기'에서 질문하기는 주체화가 아닌 비주체화라고 한다. 질문하기를 주체적 삶을 사는 것이라고 한 본 글과 모순된 것처럼 보이나, 질문하기를 주체화라고 하는 것과 주체적 삶을 사는 것을 다르게 보고 있다. 진정한 주체적 삶은 자기를 객관화하여, 즉 타자화 하여 자기를 볼 수 있어야 한다고 본다. 그런면에서 주체적 삶은 주체가 비주체화가 되었을 때 비로소 가능하다.

28 Nietzsche, F. (1999). 차라투르스트라는 이렇게 말했다 [Also sprach Zarathustra] (장희창, 역). 민음사. (원전은 1883년에 출판)

29 '코로나'가 잠잠해지면 이전의 삶으로 돌아갈 것이라고 했지만, 코로나 이후 우리의 삶은 여러면에서 변했음을 알고 있다.

30 이에 대한 것을 Piaget의 이론에서도 설명할 수 있다. Piaget가 말한 아이의 인식과정 자체가 어떻게 보면 질문하기의 메커니즘이라고도 할 수 있다. 외부를 받아들이는 것을 '동화', 그것을 내가 가진 의식구조와 결합하는 '조절' 이어서 새로운 인식의 틀이 만들어지는 '평형화'라고 한다. 무엇인가 낯선 것이 오면 기존에 내가 가지고 있는 틀(Schema)로 받아들인다. 받아들임과 동시에 그 안에서 계속적인 질문하기 등을 통해 '조절' 과정을 거치게 된다.

31   결국 질문하기는 자기 자신에게 해야 한다.

32   존 버거는 그의 책 Ways of seeing(다른 방식으로 보기)에서 말 이전에 보는 행위가 있음을 언급. 이미지라는 새로운 언어를 통해 말로는 설명할 수 없는 영역의 경험들을 더 정확하게 정의할 수 있을 것이라고 하였다. 이때 경험이란 개인적 경험뿐 아니라, 과거에 대한 우리의 관계라는 본질적인 역사적 경험을 말한다. 즉, 우리 삶의 의미를 찾으려고 노력하는 경험, 우리 자신이 능동적 주체가 될 수 있는 그런 역사를 이해해 보려고 노력하는 경험 말이다.

33   mbc 홈페이지 '더질문들' 프로그램 소개 중에서

34   mbc 손석희의 '더질문들' 우원식 편

35   영화 콘클라베Conclave, 2024)에서 로렌스 추기경의 설교

36   Arendt, H. (2006). 예루살렘의 아이히만 [Eichmann in Jerusalem: A Report on the Banality of Evil] (김성욱, 역). 한길사. (원전은 1963년에 출판)

37   세라의 작품은 장소특정적 미술이다. 작품이 설치된 특정 장소와의 관계를 강조하는 미술 형식이다. 장소특정적 미술은 전통적인 전시 공간의 틀을 벗어나, 작품과 공간이 상호작용하는 새로운 예술적 경험을 제시한다. 이러한 미술 형식은 단순히 물리적 공간뿐만 아니라, 사회적, 문화적, 역사적 맥락을 고려함으로써 관람객에게 새로운 시각적, 경험적 차원을 제공한다. 장소특정적 작품을 제작하는 많은 예술가들에 의해 미술관 안의 세상에서 누렸던 미술의 지평이 미술관을 뚫고 나오면서 미술은 '장소'의 개념에 대해 고민하게 된다. 미술에서의 이러한 장소는 미니멀리즘(Minimalism)의 출현과 함께 등장하였다. 미니멀리즘은 모더니즘의 관념주의를 비판하고자 물리적, 현상학적 측면인 '장소'를 포함하였다. 그리고 장소는 제도적, 담론적으로 확장됨에 따라 물리적 측면을 너머 이론적 영역에서 이해되었다.

38   1985년 리처드 세라의 공청회 변호, 게이트 웨이 미술사(이봄) p.466 발췌

39   이러한 논란 덕분에 공공미술에 대한 사회적 관심은 높아져 1990년 회화와 조각 등 시각 예술품에 대한 '시각예술가권리법(VARA; Visual

        Artists Right Act)이 만들어진다.

40   편집부(2004년 5월). 질문할 줄 아는 청소년. 현대종교, 357: 150-151

41   유시민 작가가 독서에 관한 강의에서 스탈린은 독서광이었는데 질문이 없는 독서를 해서 독재를 하게 되었다고 한다.

하 리 숲 학 교
인문학시리즈

질문을 향한 질문

초판 1쇄 펴냄 2025년 3월 28일

지은이   정대현
펴낸곳   이책사
등록   제 2016-000043호
주소   광주광역시 동구 의재로 136번길 6, 301호
이메일   echaksa1@gamil.com
디자인   정한나

ISBN   979-11-959955-1-6

ⓒ 정대현 2025

이 책은 저작권범에 따라 보호를 받는 저작물이므로 무단 전재와 무단 복제를 금지하며,
이 책의 전부 또는 일부를 이용하려면 반드시 지은이와 출판사의 서면동의를 받아야 합니다.